町村自治を護って

～存立の危機に立ち向かう

大森　彌 著

ぎょうせい

はじめに―全国町村会と私

私と全国町村会とのお付き合いは１９８７（昭和62）年９月頃からでした。町村における諸問題を調査してその実態を明らかにするとともに町村自治のあり方について研究を行う目的で、「町村自治研究会」が全国町村会事務局内に設けられました。実際の調査研究は西川治さん（立正大学教授、地理学）と大森彌（東京大学教授、行政学・地方自治論）の両名が委嘱をうけ、この両名を代表とする７人の研究員によって「町村研究フォーラム」が結成され、調査研究が進められました。

当時の事務総長は塩田章さんでしたが、実際に手引きをしていただいたのは、消防庁長官の木村仁さんでした。自治省（現総務省）は、１９６９（昭和44）年９月の国民生活審議会調査部会報告書「コミュニティ―生活の場における人間性の回復―」を受ける形で、１９７１（昭和46）年４月、「コミュニティ（近隣社会）に関する対策要綱」を定め、各都道府県に通知しましたが、この対策要綱の作成に当たったのが、当時の自治省行政局行政課長であった木村さんでした。木村さんは、その後、静岡県副知事、自治省行政局長、消防庁長官を歴任され、塩田さんの後、１９９１（平成３）年11月から１９９４（平成６）年９月まで、全国町村会事務総長を務められました。木村さんのご尽力によって、全国町村会の中に、外部の研究者と合同で調査研究を行う組織ができたといえます。私は、それ以来、『町村週報』への寄稿、調査研究のとりまとめ、報告書の起草、町村長大会での講演などで、お手伝いをしてきました。

全国町村会の創立経緯について一言。１９１８（大正７）年、３月に市町村義務教育費国庫負担法が制定されました。その年の8月には米騒動が起き、寺内内閣が倒れ、政友会の原敬内閣が成立しました。

１９２０（大正9）年、義務教育国庫負担金の増額を求めて全国の町村の組織ができます。5月に開かれたわが国最初の全国町村長会議において、地方に都道府県町村長会を、中央に全国町村長会を置き、町村自治の振興発展に寄与すべきであるとの提案が満場一致で可決され、翌１９２１（大正10）年2月12日、東京に全国町村長代表６００余名が参集して創立総会が開催され、「全国町村長会」が発足しました。全国町村長会は、義務教育国庫負担金の増額と両税移譲を求める運動を展開しました。両税とは地租と営業税のことですが、この2つの税は、当時、国税の手中にあった直接税ですが、これらを国税から地方税に移せという運動を起こしたわけです。この両税移譲運動は、大正デモクラシーという大きなうねりの一環でありました。この点で、「全国町村長会」は大正デモクラシーの旗手であったと言ってよいと思います。

１９４７（昭和22）年8月、全国町村長大会において、「全国町村長会」は、町村行政の総合的連携機関としてふさわしい名称にすべきであるとして、「長」をとって「全国町村会」と改称し、現在に至っています。全国知事会、全国市長会との並びで「全国町村長会」という人もいますが、全国町村会が正式名称になっています。全国町村会は、１９６３（昭和38）年の地方自治法の改正によって、町村長の全国的連合組織として自治大臣への届出団体となり、また１９９３（平成5）年の地方自治法の改正によって内閣又は国会に対して意見具申ができる団体となりました。

町村の数は、「明治の大合併」によって、7万１３１４から1万５８５９へと約5分の1に減りましたが、１９２２（大正11）年には1万２２２４でした。「昭和の大合併」によって１９５３（昭和28）年の９５８２から１９６１（昭和36）年の２９１６へ、「平成の大合併」によって１９９９（平成11）年の

2558から2010（平成22）年の941へと激減しました。2014（平成26）年4月には、町が745、村が183、計928となっています。数が少なくなりましたが、農山漁村地域を守り、発展させようとする町村の意思は堅固ですし、その弛みない努力は健在です。

現在も、全国町村会は、町村を中心とした地方自治の振興・発展に向けた政策に関する各種の調査・研究、政府・国会に対する要望、各種の政府審議会等への参加などの政務活動を行っています。これらの活動を全国の町村長や関係機関、また広く国民の方に周知・紹介する広報活動の一環として『町村週報』を発行しています。『町村週報』の創刊号は、1954（昭和29）年1月30日で、2015（平成27）年7月13日で2926号となっています。

この『町村週報』の一面には、2010（平成22）年12月までは「閑話休題」欄があり、その翌年の1月から「コラム」欄となっています。この欄は、外部の有識者が書き手となって800字程度の短い文章を寄稿しているのですが、全国の町村長がお読みになっているだけでなく、農山漁村と町村について関心をお持ちの方々の眼にも留まっているようです。

私が、「閑話休題」に初めて書かせていただいたのは、1988（昭和63）年4月18日の1793号「国際空港発想」が最初でした。それから最新の2926号の「日本国憲法と人口政策」まで、実に150本になりました。「閑話休題」（「コラム」）欄の内容は、首長、自治体行政、社会・文化、教育、地域おこし、災害、少子化など多岐にわたっていますが、軽いエッセイ風の文章になっていて、ご多忙でご苦労の多い町村長さんにとって何かのヒントになればと思って書いたものです。

また、『町村週報』には、町村にとって時々の重要なテーマについては「論説」「講演」「政策」といった欄があり、そこにも、いくつか文章を書いてきました。これは、やや論文調ですが、いずれも、できるだけ町村の立場に立って、地方自治論者として発言しようとしたものです。

町村と全国町村会は、時代の変化に適応しつつも、いくたびも存否がかかる「危機」に直面し、懸命に対応してきました。私は、一介の研究者ですが、微力ながら所見を述べることを通じて、町村応援団の一員であり続けたいと考えてきました。

そこで、これまで書いてきた論説等によって、危機に直面した町村に関して、どのような考え方と方策を提示したかを整理し、一冊の単行本にいたしました。また、「閑話休題」（「コラム」）のうち、いくつかを選び、６つのテーマごとに再録しました。

この編集に当たって、やや異例かもしれませんが、『町村週報』での山本文男前全国町村会会長との対談を収録し、山本会長について追加記述をしました。山本さんは、１９９２（平成４）年10月から福岡県町村会長に就任し、１９９９（平成11）年7月31日から２０１０（平成22）年3月8日まで全国町村会会長を6期務められました。ところが、２０１０（平成22）年2月2日、福岡県町村会長としての山本さんは、後期高齢者医療制度発足に際し、福岡県町村会に有利な取り計らいをしたお礼に賄賂を福岡県副知事に贈ったとして逮捕・起訴され、有罪判決を受けました。ご本人には全ては町村のためという独自のお考えがあり、不本意な結果だったでしょうが、やはり痛恨の事件ではなかったかと思います。しかし、これによって、山本さんが全国町村会長として残された功績が忘れ去られていいはずはありません。この機会にその一端でも書き残したいと考えました。

なお、原文が「である」体のものと、講演のように「です」体のものとがあり、不揃いになっていますが、原文を尊重し、そのままにしています。

編集に際し、個別ケースの紹介になっているものは除外しました。また、２００１（平成13）年10月から２００４（平成16）年１月頃までの合併や道州制に関するものの何本かは拙著『変化に挑戦する自治体―希望の自治体行政学』（第一法規、平成20年４月）に収録しましたので除いています。その代わりに、『町村週報』以外で書いた論考を入れました。

山本文男さんに関する資料については、全国町村会事務局の方々のお世話になりましたし、また、本書の発刊については、全国町村会（藤原忠彦会長、石田直裕事務総長）のご理解とご支援を得ました。厚くお礼を申し上げます。

本書は、町村長さんをはじめ、これまでお付き合いをしていただいた全国の町村の方々への感謝のしるしでもありますし、これからの町村の自治の発展にとって、いささかでもお役に立つことができればと願っています。

２０１５（平成27）年、秋

著者　大森　彌

目　次

II　町村自治の風景──「閑話休題」

Ⅰ

存立の危機への対応

1　「骨太の方針」と小規模町村の扱い

２００１（平成13）年に成立した小泉純一郎内閣（自民党、公明党、保守党を与党とする連立政権）は、「聖域なき構造改革」を打ち出し、その一環として、「地方に出来る事は地方に、民間に出来る事は民間に」という「小さな政府」を具現化する政策を推進しました。それまで大蔵省（現財務省）が握っていた予算編成の主導権を内閣に移すため、２００１（平成13）年1月に内閣総理大臣を議長とする経済財政諮問会議を設置し、毎年6月に経済政策・財政政策の柱となる基本方針が答申され、それが最終的に閣議決定されることになりました。正式名は「経済財政運営と経済社会の構造改革に関する基本方針」ですが、「骨太の方針２００１」と呼ばれるものです。

この「骨太の方針」の第1弾の中には、「目途を立てすみやかな市町村の再編を促す」と同時に「人口数千の団体が同じように行政サービスを担うという仕組みを見直し、団体規模などに応じて仕事や責任を変える仕組みをさらに検討する」と書かれていました。そして、規模などに応じた市町村の区別に関連し、カッコ書きで次のように例示していました。

「たとえば、人口30万以上の自治体には一層の仕事と責任を付与、小規模町村の場合は仕事と責任を小さくし、都道府県などが肩代わりなど。」

仕事と責任にのみ言及し、税財源は無視している点がいかにも市町村合併を「構造改革」の一環に位置づける方針らしいといえるのですが、問題なのは、小規模町村の扱い方でした。

1999（平成11）年4月を起点とする「平成の市町村合併」が始まっていました。右の個所を読むと与党が目標数値として打ち出した1000にまで市町村の数を減少させることができるかどうかは別として、どうやら、国は、強力な合併推進方策によっても小規模町村は残存すると考えているように見えました。だからこそ、小規模町村の扱いの検討が必要であるとしたといえます。

もし、小規模町村が相当数残るとしたとき、その扱いを、この方針のように、都道府県の肩代わりを前提にして仕事と責任を小さくするというのは本当に望ましい方向であるかどうか問題でした。肩代わりというのは、一定規模の基礎自治体として担うべき仕事と責任があって、しかし、小規模町村ではそれをすべて担いえないから、その分は都道府県が代わって行うのだということに他なりません。強く言えば半人前の扱いにも見えるのです。しかし、これでは小規模町村の将来に展望は開かれないのではないか。小規模町村が存在する地域は、いわゆる農山村あるいは中山間地域です。その維持と充実には、都市とは異なった苦労と工夫が不可欠なのではないか。そういう思いを込めて書いたのが、次のような『骨太方針』の呪縛から解き放たれよ」でした。

❖「骨太方針」の呪縛から解き放たれよ

全国町村会は、昨年、平成13年7月に、「私たちは提言します。21世紀の日本にとって、農山村が、なぜ大切なのか―揺るぎない国民的合意にむけて―」と題する小冊子を作成し、広く各界各層に対して、都市と農山村の共存の必要性を訴えた。その際、多様な地域から成り立つ国土を前提として、特に農山村に所在する町村の意欲と特色が発揮できるような新たな自立支援の仕組みが必要であることを強調した。そのフォローアップのために、全国町村会の中に「町村の新たな自治制度に関する研究会」*が設置され、現地調査を踏まえて検討を続けている。そのメンバーの一人として、このたびの市町村合併とその後の町村の扱いに関し、若干の所見を述べたい。

市町村合併の背景と都市選挙戦略

市町村の自主合併は、1965（昭和40）年以来、10年ごとに延長されてきた「市町村の合併の特例に関する法律」（特例法）によって、ここ30年以上続けられてきた。住民発議制度の新設を含む特別法の改正がなされたのは1995（平成7）年であり、地方分権推進法成立の直前であった。この法律は2005（平成17）年3月末で失効する。このたびの市町村合併は、この特別法を充実・強化する形で推進されている。その重要な背景には、政権党の都市選挙戦略の発動というべき動きがあるように思われる。

1998（平成10）年7月の参院選では、大都市における3人区以上の選挙区で自民党候補者が全員落選し、「都市割食い論」（「農山村を優遇しすぎて都市が割を食っているから、その分を取り戻せ」）が高まった。自民党は都市へ政策の機軸を移し始めた。政権は橋本首相から小渕首相へ移った。1999（平成11）年7月、地方分権一括法（475本）が成立したが、このうち、合併特例債の創設や合併算定替の期間延長などを含む合併特例法のみが直ちに公布された。

都市型政党である公明党が政権に加わり自自公政権が成立し、その政策合意に「市町村合併の推進」が入った。2000（平成12）年4月に森内閣発足。6月の衆院選で自民党が都市部で苦戦。森首相は自治相に市町村合併の強力推進を指示した。8月、自民党の野中幹事長が党本部で講演し、「交付税による自治省の護送船団方式が、市町村合併を阻害している」「財政力が弱い（自治体）ほど重点的に交付税が行く制度が大都市の不満を呼んでいる」と交付税を批判した。11月、自治省が、市町村の合併の推進についての指針を決定。12月、与党行財政改革推進協における「合併後1000自治体を目標」の方針を踏まえ、市町村合併の積極的推進を政府が決めた。と同時に、町村合併の市制要件が緩和された。2001（平成13）年6月、経済財政諮問会議の「骨太の方針」は市町村合併の強力推進を打ち出した。8月、総務省が市町村合併支援プランを決定し、11月、小規模市町村の地方交付税優遇制度「段階補正」の見直し方針を固めた。

こうして見ると、このたびの市町村合併は、さらなる分権改革（事務権限の移譲）のための受け皿の整備ということだけでなく、都市選挙戦略の発動という面を否定できないのではなかろうか。政権党は約3200ある市町村の数を1000に減ずるとしているが、この数値目標に合理的な理由は見出せない。しかし、そこに政権党の強い意思を感じる。政治の本質は「意思」にある。平成16年度末までに町村が合併して人口3万人以上になるならば他の要件は一切問わないという市に関する特別措置は、その端的な現れである。これほど便宜的な市制移管を許容してまで町村合併を推進したい真意は、一体どこにあるか、問うてみたい気がする。

希薄化する農山村への関心と配慮

合併をするか、しないかの選択を迫られている市町村、とりわけ農山村地域に所在する町村は、合併推進の動因として、都市選挙戦略が働いていることに強い危惧を感じざるをえない。なにより、政権党から見て都市部における選挙結果の不調が、農山村と町村への財政的優遇と結びつけられ論じられ、それが、実際に地方交付税の削減にまで結びつけられているからである。「都市住民の犠牲の下で農山村を優遇し、その結果、町村は無駄な支出を行っている」、「どんなに小規模で財政効率が悪くとも交付税で財源保障がなされている限り、自主的な合併が進むはずがない」といった、相当に乱暴な議論が公然と行われている。

しかし、都市部における選挙結果の不調は、農山村を優遇していることに都市の有権者が不満を募らせたからであろうか。都市の有権者の政治的関心を呼び覚まし、それを自覚への支持につなげる工夫と努力を欠いていただけではなかろうか。

昨年、全国町村会が訴えたように、産業の新旧交替によって職を追われ、あるいは過酷な企業競争の中で辛苦をよぎなくされている都市住民の苛立ちや不満を、農山村地域と町村に向けさせて、それで都市住民の選挙での支持を本当に広げられるものであろうか。かりにそうなったとして、それが国政の本道であろうか。都市住民が求めていることは、農山村との対立を鮮明にして、かろうじて農山村を成り立たせてきた財源を都市に取り戻すことなのか。そのようにして、農山村をさらに疲弊させて、どのような利得が都市住民にあるというのであろうか。

政権党は、都市再生を強調し、都市へ財政資金を流す政策をとっている。もちろん、自然との共生を基本とした生活都市をいかに再生させるか、そのために都市部の有権者、特に「支持政党なし」層の支持をいかに確保するかが、現下の政治の大切な課題であることは確かである。問題は、これへの性急な対処が、農山村への関心と配慮を希薄化させ、この地域での自治運営をさらに苦難に追い込んでしまうことである。都市再生を重視するあまり、農山村と町村を切り捨てていくことがあってはならないと考える。

国の強力な合併促進策にもかかわらず、例えば一島一村とか地理的には孤立している中山間地の町村の場合は、合併といっても、現実には無理があり、そのメリットもない。また、周辺事情から合併を見送らざるをえない市町村もある。悩みに悩み抜いたすえ、このまま行きたいと決心した町村もある。そうした市町村を、あたかも悪者のようにみなすのは筋違いである。まして、根拠不十分な人口規模で「小規模」とひとまとめにして、その仕事と責任を縮小しようとする案や、この際、基礎的自治体ではなくしてしまおうとする案は、自己決定・自己責任という分権改革の理念を著しく傷つけるものであるといわざるを得ない。

真の「分権型社会の創造」のために

地域運営に人一倍の意欲と能力の発揮を求められる条件不利地域の町村を、小規模ゆえに基礎的自治体としては一人前の扱いはしないようなことをして、本当に農山村を維持していくことができるのであろうか。日本列島の多様な地域には、人口の大小、財政力の強弱など多様な自治体が存在することのほうが自然である。分権改革のどんな大義名分をもってしても、全国を一定規模の「市」で統一しようとする発想は、地方自治の構想論としても容認できない。それは、一見して、筋の通った案のように見えるかもしれないが、合理の理を超え、不合理を招来する恐れがあると思われる。

しかも、事務権限と財源を縮小して、その部分を他に肩代わりさせるという案は、本当に現実的であろうか。周辺自治体に肩代わりをしてもらうといっても、自分の行政区域でない地域の住民に行政サービスを行うなどというやり方がどうして可能になろうか。まったく現場を知らない空論である。これを広域自治体としての都道府県にさせるにしても、基礎的自治体の仕事をしてこなかった都道府県が、どのようにしてこれを処理できるのか。小規模町村が散在する地域ごとに出先機関を再配置して職員を置くのであろうか。このような広域自治体の市町村化は明白に分権改革に逆行するではないか。

もし、政権党と政府が、都市住民の政治的支持を得ようとするあまり、人口は少ないけれども広い面積の地域で、誇りを持って個性的に生き抜こうとしている農山村の人びとを不安に陥れ、将来への展望を奪い取るような挙に出るとすれば、それこそ失政のそしりをまぬがれないのではないか。農山村を優遇しすぎて都市が割を食っているから、その分を取り戻せなどと言っているような底の浅い先進民主国が、日本の他にあるであろうか。なんとも貧しい発想といわなければならない。

第一次分権改革が掲げた理念は、自己決定・自己責任の拡充である。この理念を守るためには、決して合併を強要してはならない。また、分権改革の目標は「分権型社会の創造」である。それは、「地域の住民が、安らぎと豊かさを日々に実感できる真に成熟した社会」の実現を意味している。小規模であることを理由に、町村を、一人前ではないからそっと暮らしなさいとか、憲法にいう「地方公共団体」の資格はないから単なる地域住民組織で我慢しなさいといった扱いにして、その地域の住民が安らぎと豊かさを実感できるとは到底思えない。

都市には都市としての暮らし方と価値があるように、農山村には都市とは異なった暮らし方と価値があり、そこには、都市自治体とは違った町村自治体の存在理由がある。それは、人間がたやすく管理しがたい自然と共生しつつ、その恵みを享受していく生活の技に秀でているからである。もし、このたびの合併後における基礎的自治体のあり方を検討するならば、農山漁村とそこで有効性を発揮する小規模な町村の存続を認め、都市との共生と対流を確固たるものにしていく新たな制度と政策をこそ構想すべきである。「小規模町村の場合は仕事と責任も小さくし、都道府県などが肩代わり等」という、現実性のない「骨太の方針」の呪縛から解き放たれるべきである。

町村週報第２４１９号　２００２（平成14）年11月25日　論説（視点）

＊　作成協力者の「町村の新しい自治制度に関する研究会」委員は次のとおりであった。
大森彌（千葉大学教授・東京大学名誉教授）、岡崎昌之（法政大学教授）、宮口侗廸（早稲田大学教授）、橋立達夫（作新学院大学教授）、神野直彦（東京大学大学院教授）、小田切徳美（東京大学大学院助教授）、佐久間正子（地域政策フォーラム研究員）、坂本誠（東京大学大学院博士課程）

2 「西尾私案」と「市町村連合案」

小泉内閣が発足した2001（平成13）年の11月に第27次地方制度調査会が設置され、「社会経済情勢の変化に対応した地方行財政制度の構造改革」についての諮問がなされました。会長は諸井虔さん、副会長は西尾勝さんで、第1次地方分権改革で中心的に活躍した2人でした。専門小委員会の委員長は松本英昭さんで、分権改革を裏方で支えた自治官僚でした。専門小委員会において、松本委員長は西尾副会長に基礎的自治体のあり方に関する私的案を提出するよう提案し、これを受け西尾副会長が2002（平成14）年11月1日の小委員会に提出した資料「今後の基礎的自治体のあり方について（私案）」が、いわゆる「西尾私案」と呼ばれるものです。

この「西尾私案」の中には、合併に至ることが客観的に困難である小規模な市町村に対して、組織機構を簡素化した上で、法令による義務づけのない自治事務は一般的に処理するが、通常の基礎的自治体に法令上義務づけられた事務については窓口サービス等その一部のみを処理し、都道府県にそれ以外の事務の処理を義務づける特例的団体の制度（いわゆる「特例町村制」）の創設提言を含んでいました。これが、特に町村関係者の反発を招き、全国町村会や全国町村議会議長会からは、「私案」への反対の立場からの意見書等が調査会に提出されました。

全国町村会（会長・山本文男福岡県添田町長）は、2002（平成14）年11月12日、常任理事会を開催し、「西尾私案」について、「人口規模の少ない町村を切り捨てるという横暴極まりなき論旨であり、絶対容認できない」とする「今後の基礎的自治体のあり方について（地方制度調査会専門小委員会における「西尾私案」）に対する意見」を議決しました。同日、山本会長が松本専門小委員長に面談し、同意見書を提出しました。その中で『私案』は財政効率、経済効率、規模の論理を優先することで貫かれており、地方自治・地方分権の理念に照らしても問題があるばかりでなく、総じていえば、人口規模の少ない町村を切り捨てるという横暴極まわりなき論旨であり、絶対容認できない。」と指摘していました。

特例町村制については専門小委員会委員の中でも賛否が分かれ、結局、答申においては「引き続き検討する必要がある」との記載に止められましたが、全国町村会は、地方制度調査会から「西尾私案」に対案を出すようにと要請を受けました。

この点に関し、当時、私は、小規模市町村の事務権限を縮小するといっても、どの範囲の、どういう事務なのか明確でないため、何に対する対案を考えればよいのか判りにくかったのですが、もし対案というのならば、それは、おそらく次の2点にかかわるだろうと考えました。

1つは、2005（平成17）年度以降、再度、国が一定の期間、合併を呼びかけることの是非とその手法についてです。一挙に人口規模の小さな町村を整理・解消することと、強制合併に踏み切ることを避けるため、一定期間、国が「自主合併」を促すことは拒否できないのではないか。その際、このたびの合併では市側の対応に問題がある場合もあり、呼びかけの対象を一定の人口以下の町村に限らず、全市町村とすべきではないか。また、財政支援はやめ、しかも強制にならない手法をとるとすれば、ぎりぎり、都道府県の斡旋・調停・勧告までに限定すべきではないか。そして、周辺地になる旧町村を寂れさせないため、合併後の自治体内部に地域審議会を越える公的仕組み（「近隣自治組織」）を設置できるよう法的整備を行うべきではないか。

もう1つは、縮小・肩代わり案は非現実的であるとして、一定人口未満の町村を近隣の市に強制編入し、その内部団体化する案に対案が考えられないかどうかでした。強制編入は受け容れがたい。しかも「西尾私案」は、基礎的自治体のあり方を、広域連合方式を断念し合併一本に凝り固まって考えてしまっている。そこには、一定人口未満の町村の事務を縮小し、都道府県の責任にする案が含まれているが、その実施形態として広域連合が内包されているではないか。一旦否定した広域連合を裏口から呼び込んでいる。これも納得できない。現行の広域連合を、より統合力の発揮できるものへと手直しし、しかも相当の事務権限を新たに移譲し、「自主的編入」案と並ぶ選択肢とすることが十分考えられる。町村を解消させてはならないのではないか（「西尾私案」への対案はある2003（平成15）年2月17日、第2428号参照）。

全国町村会は、反対なら対案を、という要請に対して「市町村連合」を提案しました。その考え方と制度の骨子に関し、私は、「町村の新しい自治制度～『市町村連合』案」と題し、『地方自治職員研修』2003（平成15）年6月号（特集・地方自治制度のリ・デザイン）に解説を書きました。以下がその論考です。

❖「町村の新しい自治制度～『市町村連合』案」

町村の新しい自治制度に関する中間報告

全国町村会は、平成13年7月に「二一世紀の日本にとって、農山村が、なぜ大切なのか—揺るぎない国民的合意にむけて」を、平成14年11月に「いま町村は訴える―町村の新しい自治制度に関する研究会中間報告」を、そして平成15年2月に「町村の訴え～町村自治の確立と地域の創造力の発揮～」を発表し、市町村再編論への見解を明らかにしてきた。そして、「西尾私案」(以下、私案)への対案として「市町村連合」を提案している。こうした活動を側面的に支援してきた一人として、とくに「市町村連合」の考え方と制度の骨子について解説したい。

「西尾私案」が提起した制度について

全国町村会は、まず、どのような形であれ合併の強制に反対している。たとえば、合併推進に際し、かりに努力目標としても最小人口規模を提示してそれ以下の町村を解消しようとし、また最小人口規模にからめて地方交付税の段階補正を打ち止めにするといった手法は到底容認できない。平成17年度以降、自主合併の枠組み内にとどまる限り、たとえば都道府県の斡旋・調停・勧告といった行政手法は考えられる。ただし、都道府県に温度差がある現実を踏まえ、十分にその意向を訊くべきであろう。

第2に、「事務配分特例方式」は、都道府県の基礎自治体化であり分権改革の基本方向に逆行するだけでなく、考えられる三つの事務執行の方法(直接執行・事務委託・広域連合)にも難点がありすぎ、断念すべきであると主張している。「軽量町村(特例町村)」を作り出す案は実行可能な案ではないし、今後は都道府県の補完機能を強化し固定化する方向ではなく、むしろ、それを可能な限り、縮小・解消していく方向をこそめざすべきであるからである。

第3に、再度、合併を推進した上でなお残存する一定人口未満の町村を、周辺基礎自治体に強制編入し、旧町村を一定の自治権をもつ内部団体化する案（「内部団体移行方式」）については、人口基準で「小規模」を規定し、そうした団体を法的に周辺の基礎的自治体へ編入合併させることには、それが「強制」になる一点をとっても賛成できない。編入合併を推進するにしても、それは、あくまでも市町村の自主的な選択とすべきである。合併においてこそ自治体の自己決定・自己責任を尊重するべきであるからである。

ただし、合併後の基礎自治体のあり方として内部団体の存在を想定している点では「連合的な基礎自治体の整備」案と呼ぶことができ、十分な検討に値する。すでに、総務省内では、これを「地域自治組織」のあり方として、行政区的なものにするか、特別地方公共団体とするかという観点から法的整備の内容を検討している。そのゆくえが注目される。

現に、中山間地の町村が近隣の市と合併する場合、海越え、山越えの町村同士や北海道によく見られるような合併後にとてつもなく面積が拡大する町村同士の合併の場合を考えれば、分権分散型の自治体運営をせざるをえない。合併は意思決定を一本化することだから完全統合の集権集中型しかないと考えてしまうのは、分権時代にそぐわない固定観念である。

自治運営の可能性を開くための「市町村連合」案

以上の点を踏まえ、全国町村会は、国土の大半の地域を市並みの規模と能力を備えた基礎自治体へ再編し、そこへ事務権限の移譲を実現していこうとする考え方（「町村解消・基礎自治体一律整備」）に対して、対案を求められたため用意したのが「市町村連合」である。

市町村の再編を議論するにあたって、合併一辺倒による基礎自治体の整備を眼目とする案しかないと考えるのは問題である。かりに平成17年度以降、再度、国が一定期間、合併を推進した後にも残存する町村については、その存在を認め、それぞれが独自性を保持しつつも、広域的、共通的な事務を、より効果的、効率的に処理するための自治機構を整備することも考えられるし、その必要があるのではないか、というのが基本的な考え方である。それを、広域連合の発展形態として位置づけ、編入合併のように市町村の枠組みを変更しなくとも、効果的、効率的な行政運営を実現していくという点では、ほぼ同程度の成果を期待できるものであれば、検討されてしかるべきであるとしている。

市町村の再編が、現実にも、また将来構想としても合併一辺倒になってしまっているのは、明らかに、事務の共同処理方式としての「広域連合」への断念を重要な背景としていると思われる。分権時代を迎えたにもかかわらず、市町村の対等・協力による自治運営の可能性を閉ざしてしまったといわざるを得ない。

広域連合の弱点とされているのは、主として次の二点である。①ややもすれば、住民と行政との間の距離が遠くなることにより、責任の所在が不明確となりがちである。②関係団体との連絡調整に相当程度の時間や労力を要するために、迅速・的確な意思決定を行うことができず事業実施などに支障を生じる場合も見受けられる。

市町村連合の特徴

したがって、対案を考える場合、少なくともこの2点を克服し、しかも、今後の分権改革（事務権限の移譲）にも対応できるものである必要がある。

「市町村連合」は、都道府県から直接、事務権限の移譲を受けることを想定している。また、分権時代であればこそ、都道府県の補完機能にはできる限り頼らず、市町村間の対等・協力の関係強化をめざそうという趣旨である。明示的に「市町村連合」としている理由である。都道府県と連合は組まない。全国町村会は、その骨子を発表しているが、やや私見を入れて「市町村連合」（以下、連合）の構成について整理すれば以下のとおりである。

(1) 連合の自治機構

基礎的自治体としての市町村が、規約によって設立する特別地方公共団体とする。連合に連合長、連合議会及び連合事務局を置く。連合長については、当該市町村の住民が、直接選挙によって選ぶ。構成市町村の長が副連合長となり、理事会を構成し、連合長とともに連合の執行機関となる。連合長に対する住民の解職請求や監査請求の制度を設ける。

(2) 連合議会

構成市町村の議員の中から選出された一定数によって構成する。連合の議事機関とする（連合が処理する事務の種類と範囲の追加・改廃、連合の予算・決算の承認、連合の処理する事務に関する条例の制定・改廃など）。

(3) 連合事務局

連合長の補佐機構として連合事務局を置く。事務局職員は構成市町村からの派遣とする。市町村連合設置後の構成市町村の職員採用人事は連合が一括して行い、専門的かつ高度な能力を有する職員の確保・育成に努める。人事配置に当たっては構成市町村の意向を尊重する。事務局長人事には公募制を導入する。

(4) 連合の財政

連合の処理事務に必要な経費は、構成市町村の負担金によってまかなう。連合が都道府県から直接移譲を受ける事務に係る経費は、事務移譲に伴う移譲財源をもってあてる。連合長は、連合の事務処理に必要な経費の財源を確保するため、構成市町村に対して自主課税権の発動を要請することができる（連合に課税権を付与するかどうかは検討課題であるが、普通地方公共団体としての構成市町村の課税に上乗せすることが考えられるのではないか）。連合は、地方債を発行できるものとする。

(5) 構成市町村の体制

連合で処理する事務に応じて、構成市町村の行財政体制をスリム化し、次のような諸点で「小さな自治」を輝かせる。市町村の個性を磨き、住民との協働による地域活性化を競い合う。市町村議会に関し、その活動・定数・報酬のあり方を見直すとともに、より開かれた議事機関にする。基礎自治体としての「手触り感」を大切にして、住民に身近な行政サービスを行う。徹底した情報公開と住民参画を通じ地域の住民自治を充実させる。予算減分時代に適応した行財政改革を行い、施策を精選し、その成果に関する説明責任を全うする（予算増分主義の発想から脱却し、各実施部門に自律的な企画立案と実施方法を任せ、その達成成果の説明責任を負わせるという意味で、職員の意識改革を含む自治体経営のシステムを確立していく）。

市町村連合案と内部団体移行方式

さて、「内部団体移行方式」は、一定の人口規模未満の町村を基礎自治体としては解消したうえで、それを合併後の基礎自治体の内部団体化し、一定の自治権を付与しようとするものである。内部団体化とは「地域自治組織」の新設になる。その形態、権能などによって違いは出てくるだろうが、分権分散型の（連合的な）基礎自治体を形成することになる。

連合は、人口規模のいかんにかかわらず、基礎自治体としての市町村の存続を認めつつ、協働の自治機構を設立し、広域的・共通的な事務を有効かつ効率的に処理することを可能にしようとする。考え方の分岐点は市町村の枠組みの変更を想定するかどうかである。

「内部団体移行方式」によって、かりに一定人口規模未満の町村を解消しても、分権改革の受け皿整備としては、さらに合併を繰り返さざるをえない。与党がいうように究極的には市町村の数を３００にするまで、政治的にコストの高い、しかも自治体の精力を消耗させる合併一本槍で市町村の再編を継続するのであろうか。

かりに、全国を３００の自治体にそろえるべく、広大な農山村地域を包摂する人口20万、30万以上の市をつくるにしても、そのような市が、人口密度の高い地域での20万、30万以上の市と同程度の財政効率（住民一人当たりの歳出額の削減）を実現できるであろうか。

これに対して連合案は、連合に参加する市町村の数や連合が処理する事務を増やすことによって、合併なしに、事務権限の移譲を実現し、都道府県の補完機能をほとんど吸収していくことができる。

連合を新設してまで市町村の協働体制を築こうとするならば、いっそ合併したほうが早いのではないかという見方はありうる。連合の経験を積み重ね、将来、無理なく、一つの自治体になっていくことは十分考えられる。しかし、農山村地域における基礎自治体の仕組みとして、市町村の枠組みを崩さず、しかも時代の要請に応えていく方途もありうるのではなかろうか。

自己決定の選択肢

連合案は、現行の広域連合制度でも可能であるという見方もある。その見方が、今後の基礎自治体のあり方に関し、合併により全国一律の市並みの基礎自治体を整備していく案のみではなく、「連合」案も考えられるということを含意しているならば、市町村に対し、編入合併・内部団体化を選ぶか、「連合」(町村存続・協働システム化)を選ぶかという自己決定の選択肢を提示すべきである。分権改革の推進のためなら人口基準で小規模を規定し、そうした団体、現実には2500ある町村を解消してしまおうという「野望」だけは捨て去るべきである。

地方自治職員研修　2003(平成15)年6月号　特集・地方自治制度のリ・デザイン

3　三位一体の改革と地方財政

三位一体の改革とは、国と自治体の行財政システムに関して「国庫補助負担金の廃止・縮減」「税財源の移譲」「地方交付税の一体的な見直し」を一体的に行おうとすることです。

２００２（平成14）年６月に閣議決定された「骨太の方針２００２」において「三位一体」という言葉が初めて使用され、「国庫補助負担金、交付税、税源移譲を含む税源配分のあり方を三位一体で検討し、それらの望ましい姿とそこに至る具体的な改革工程を含む改革案を、今後一年以内を目途にとりまとめる」との方針が示されました。「三位一体の改革」という言葉と考え方は、経済財政諮問会議において、当時の片山虎之助総務大臣から提示されたものといわれています。国庫補助金改革・税源移譲による地方分権と、地方交付税の削減による財政再建をセットで行うこととした点に特色があったといえます。

この三位一体の改革について、私は、全国町村長大会向けに、次のような論説を書きました。

❖三位一体の改革と地方六団体改革案の実現

市町村合併のゆくえ

２００４（平成16）年11月１日、全国17県で計85市町村が再編され、新たに18市と2町が誕生し、市町村数は２９４２になった。政権党は市町村数を１０００にまで減ずることを目標にしている。現行の合併特例法が失効する平成17年3月末までには、とても1000にはならないから、すでに制定済み新法により、知事の勧告・あっ旋・調停などによって、さらに5年間、合併を推し進めるとしている。市の数は増えるから、解消のターゲットは町村である。

今年も全国町村長大会がめぐってきたが、町村関係者の間では、市町村合併や三位一体改革が進む中で、将来の行財政運営のゆくえに不安を募らせているのではないだろうか。市町村合併は、市町村議会議員の激減をもたらすから、国政選挙における支持基盤にも大きな変化が起きるだろう。市町村合併は政権党にとってどのようなメリットがあるのだろうか。本当に、大都市の有権者の支持を確保するためなら、町村解消の形で農山漁村地域を見捨てる気だろうか。そんなことを大都市の有権者は望んでいるだろうか。合併推進の果てに、全国の農山漁村が衰滅していくならば、この国は愚かというほかない。

全国町村会が主張し続けているように、農山漁村が衰退し滅んでいけば、都市は必ず滅んでいく。それを回避するための国策は、都市と農山漁村の共生と対流を実現していく制度と政策でなければならない。それをないがしろにする国が衰亡するのは世界史が教えているところである。

合併の「強力推進」に背中を押され、全国の町村は、見通しの暗い「財政シミュレーション」に不安を募らせている。しかし、財政見通しにおびえて、何のために合併をするのか、区域を広げることで何ができるようになるのか、どのような地域の新たな可能性が拓かれるのか、という合併の大義名分を大事に扱ってほしい。そして、もし合併に踏み切るならば、小異を大事にした地域重視型の「分権分散型の基礎自治体」の形成をめざしてほしいと思う。それによって、財政逼迫の時節であるがゆえに、住民自治の強化と住民との協働を促進する意義を実証していってほしい。

三位一体の改革にどう臨むのか

その一方で、いま町村は、その自治の財政基盤を変えようとしている動きに直面している。いうまでもなく、三位一体の改革とよばれる財政システム改革である。

２００４（平成16）年６月の「骨太の方針　第４弾」（閣議決定）は、「地方が自らの支出を自らの権限、責任、財源で賄う割合を増やすとともに、国と地方を通じた簡素で効率的な行財政システムの構築につながるよう、平成18年度までの三位一体の改革の全体像を平成16年秋に明らかにし、年内に決定する」とし、「そのため、税源移譲は概ね３兆円規模を目指す。その前提として地方公共団体に対して、国庫補助負担金改革の具体案を取りまとめるよう要請し、これを踏まえ検討する」とした。

去る８月24日、総理に提出した地方六団体の改革案は、２００６年度の第1期改革分として、①移譲対象補助負担金額は３・２兆円、②税源移譲は３兆円、③別枠で地方道路整備臨時交付金０・７兆円の移譲、④２００４年度の1兆円の補助負担金廃止に伴う税源移譲はこれらと別に実施等を提案した。

改革案の理解でまず重要なのは、「個人住民税を10％の比例税に変え、所得税から住民税へ３兆円程度の税源移譲を実施する」とした点である。現在、個人住民税の税率は、５％、10％、13％と累進的になっている。最低税率の住民は所得税を10％払っている。この５％を10％に引き上げるために、その分を所得税から移管する。13％の住民税の３％分は所得税へ移管する。そうすると、すべての住民が10％の住民税を払うことになる。これが「比例税に変える」という意味である。

その結果、約３兆円が住民税へ移管できる。したがって、すべての市町村で自主財源が増える。これに見合う額として、約３・２兆円の国庫補助金を廃止しようというのである。これで、ほぼ差し引きゼロになるから、増税なしで分権改革を進めることができる（もちろん、税源自体が乏しい自治体への地方交付税交付金は維持される）。

自治体が、住民の身近なところで責任をもって政策と税金の使途を決定・実施していく体制を築くには、これまでのように財源を国のひも付きで「配る」ことから歳入・歳出の両面での自由度を高める方向へ財政システムを転換させる必要があり、その核心は税源移譲にあり、それこそが三位一体改革の意義だといえる。だから、地方六団体は、税源移譲に見合った相当額の国庫補助負担金を十分検討の上、廃止する提案をしたのである。

国庫補助負担金の廃止と地方六団体の覚悟

次に重要な点は、三位一体の改革が、国と地方の「カネの取り合い」では決してなく、「カネを通じての国の統制と地方の依存」の体制を打ち破っていくためのものであることである。２００４（平成16）年9月14日、地方六団体が発表した「協議に当たっての基本姿勢」の中では「このたび、地方六団体が結束して、立ち上がったのは、従来型の陳情・要望団体から脱却し、三位一体改革を契機に「地方から日本を変える」同志として結集したものである」といっているが、そこには国庫補助負担金の廃止によって、自主・自律に向かおうとする自治体側の並々ならぬ覚悟が表明されている。

現行の地方財政法は、自治体が実施する仕事（事務・事業）の費用は自治体が全額負担することを基本とするとしている。しかし、自治体が、実施している仕事の費用をすべて負担できないのが実際である。なにより自主財源である税収と実際の支出との間に大きなギャップがある。そのために、国から自治体へ、地方交付税交付金（自治体の判断で使える一般財源）が交付され、さらに、国庫補助負担金と呼ばれる使途が決まっている財源が配分されている。この国庫補助負担金をどのように改革するかは分権改革の重要な課題となってきた。

地方財政法は、自治体が実施する事務について、①専ら国の利害に関係するもの（委託金、10条の4）、②国と地方の相互に利害関係があり、国が進んで費用を負担する必要があるもの（負担金、10条）、③総合的に樹立された計画に従って実施されるべき建設事業（負担金、10条の2）、④災害救助・復旧事業（負担金、10条の3）、⑤施策の実施又は自治体の財政上特に必要があると国が認めるもの（奨励的補助金・財政援助的補助金、16条）については、国が経費の全部又は一部を負担又は援助するとしている。

これらのうち、①と④については国の負担は当然である。これまでは⑤が整理合理化や廃止の対象になってきたが、改革案は②（例えば義務教育）や③（例えば公共事業や社会福祉施設）をも対象とした。これは思い切った判断だといえる。現行の国庫補助負担金が廃止されても、ほとんどの事業は廃止されるわけではないから、自治体は、その実施に関し、より一層重大な責任を引き受けることになる。

国庫補助負担金は、国と自治体が協力して事務を実施するに際し、一定の行政水準の維持と特定の施策の奨励のための政策手段として機能するものと考えられてきた。国と自治体が対等・協力の関係を築いていく中でも、この機能をすべて否定することはない。

しかし、他方で、国と自治体の責任の所在が不明確になりやすく、また細部にわたる補助条件や煩瑣な交付手続きなどが、行政の簡素・効率化や財政資金の効率的な使用を妨げる要因になっているということの他に、なんといっても、国庫補助負担金の交付を通じた各省庁の関与が、自治体の地域の知恵や創意を生かした自主的な行財政運営を阻害しがちであることが問題なのである。

使途が限定され、自治体の一般財源を使って裏負担ないし義務的な支出をしなければならない国庫補助負担金の改革は思うようには進んでこなかった。自治体の政策選択と支出の自律性は、相変わらず制約されつづけている。これまで、自治体側にも、国庫補助負担金は使途が定まっているし、あれこれ考えないですむから使いやすい、といった受け取り方がなかったわけではない。しかし、改革案は、そうした考え方を克服して行こうと決心したのである。

すでに自治体は平成15、16年度予算で財源削減のしわ寄せをうけた。町村の打撃は大きい。三位一体の改革で財政的に潤うとか財政難が解消できるなどと思っている自治体などない。むしろ、改革など名ばかりで、単に負担を地方に転嫁するような、姑息な国庫補助負担率の引き下げの動きやこの機に乗じて地方交付税制度の改悪を図ろうとする動きをこそ警戒すべきである。

関係省は、予想されたとおり、「事業の適切な実施を確保するには国の支援が重要だ」、「一定水準のサービスをどの地域においても格差なく保障する国の責任が果たせなくなる」など、相変わらず、これまでと同様に分権改革反対の決り文句を繰り返している。

このような一見してもっともらしい言い分に惑わされてはならない。その根っこが自治体不信にあるからである。補助負担金とその実施要綱・要領で自治体を縛らなければ安心できないというのは時代遅れの発想である。住民と協働しながら、効率化に徹し、創意工夫をこらして政策責任を果たそうとする自治体を信頼しなければ、分権型社会などはやってこないというべきである。

すでに、全国町村会は、「地方税源充実に伴う国の地方への移転的支出の削減は、まず国の関与の強い特定財源である国庫補助負担金を対象とすること。国庫補助負担金は真に必要なものに限定するとともに、国庫補助負担金の整理に当たっては単に地方への負担転嫁をもたらすようなことは絶対にしないこと」を主張している。だから、改革案の実現に一致団結してまい進できるのである。

町村週報第2501号　2004（平成16）年11月29日　論説（視点）

この論考と関係して、「閑話休題」で3つ書きました。

❖プライマリーバランスの黒字化

国は、「2010年代の初頭にプライマリーバランスを黒字化する」ことを目標とした財政運営に着手している。プライマリーバランスとは、債務返済費用以外の歳出が公債金以外の収入（税収）でどの程度賄えるかという基礎的財政収支のことで、その均衡とは現状以上に債務が増えない財政状態のことである。均衡状態では債務は減らないから、債務を減らそうとすればバランスを黒字化しなければならない。

2004年度当初予算で19兆214億円だったこの赤字額は、05年度予算案では15兆9478億円に縮小した。単年度収支で3兆737億円の改善である。この調子で進めば、05年度から12年度までの足掛け8年間で約16兆円の赤字を解消できることになる。これが「2010年代初頭に黒字化する」という意味である。

黒字化に向けた政府の取り組みは、将来世代にこれ以上の債務を増やさず、その意味で国の財政を健全化するという主旨である。これは、最近よく使われる「持続可能な」という言葉でも説明できる。もともと、持続可能性（サスティナビリティ）は、国連の地球環境論議において「持続可能な開発」という概念の中で出てきた考え方で、「将来の世代がそのニーズを満たす能力を損なうことなく、現世代のニーズを満たす開発」と定義された。

持続可能性は現世代の将来世代に対する責任の問題であるから、政治責任の基本にかかわっている。財政の赤字たれ流しは持続可能性に欠ける典型例ということになる。

プライマリーバランスの黒字化のためには、歳入を増やし、歳出を抑制しなければならない。したがって、問題は、どのような歳入を増やし、どのような歳出を抑制するかの選択になる。私は、分権改革（自治体の自己決定・自己責任の拡充）の観点から行うべきだと考えるが、現実は「地方行革」の要請の強化になって現れている。合併によって新たな市や町になったところも、合併せずに単独で行くことを決めたところも、今後の行財政運営が容易ならざる厳しさになる。単独行の町村にはひとしお辛い年月が続く。

町村週報第２５１８号　２００５（平成17）年４月25日　閑話休題

❖地方交付税を「地方共有税」へ

地方六団体が設置した「新地方分権構想検討委員会」は、去る5月8日に地方財政自立のための7つの提言をまとめ、「分権型社会のビジョン（中間報告）」を出した（筆者も委員として参加）。その中で地方交付税への批判に対する地方側の主張を盛り込んでいる。地方交付税は、地域社会の存立基盤を維持し、国で定めた一定水準の行政サービスを、国民が全国どこで生活しても享受できるようにするためのものであり、国税という形で徴収されているものの一部となっているが、本来地方の固有財源であり、また、自治体全体で共有している財源である。従って、地方交付税が、自治体の「連帯」と「自立」の精神に基づくセーフティネットであることを制度上明確化させる必要がある。そのため国（上）から地方（下）に「交付する（恩恵的に与える）」ものではないことを明らかにするため名称を「地方共有税」に変更し、さらに国民から国の財布への「入口」までは税であるが、国の財布から地方の財布への「出口」では「税」という表現になじまず、地方でその財源を必要に応じて調整し、融通し合うことから、「出口」では「地方共有税調整金」とすべきであるとした。

いうまでもなく、これは単なる名称の変更ではない。この「地方共有税調整金」の額の調整及び決定について、地方が参画のうえ責任をもって行える仕組みを検討すべきである。今後、税源移譲による地方税の充実に伴い、地域間の税源の偏在のため自治体間の財政力格差の拡大が避けられないことから、これを是正するため地方共有税の財源調整機能はますます重要となってくる。

しかも、特に農山漁村が、都市部にはない水源かん養機能、森林の二酸化炭素吸収機能・酸素供給機能、食糧生産機能、さらには景観保全機能や都市住民の憩いと安らぎの場としての機能を有していること等を考慮しなければならないはずである。分権改革の中で農山漁村と都市の共生を財源調整制度でしっかりと裏打ちすべき時である。それなしの第二期税財政改革はない。

町村週報第２５６４号　２００６（平成18）年6月19日　閑話休題

❖地方交付税の「算定の簡素化」

小泉内閣最後の「骨太の方針２００６」は、別紙の中で「地方財政」に関連して次の三点を指摘した。①地方分権に向けて、関係法令の一括した見直し等により、国と地方の役割分担の見直しを進めるとともに、国の関与・国庫補助負担金の廃止・縮小等を図る。②交付税について、地方団体の財政運営に支障が生じないよう必要な措置を講じつつ、算定の簡素化を図る。③地方税について、国・地方の財政状況を踏まえつつ、交付税、補助金の見直しとあわせ、税源移譲を含めた税源配分の見直しを行うなど、一体的な検討を図る。

①は、例えば新分権推進法制定の問題であり、③三位一体改革の継続問題である。財政難に悩む町村にとって②のゆくえが気になる。「財政運営に支障が生じないよう必要な措置」（事業費補正など）を行うのであるから、交付税の算定がそれほど変わるとは思えない。しかし、あえて「算定の簡素化」といっているのだから何か意図があるはずである。

基準財政需要額の算定が複雑で不透明であるのは国による関与や義務づけがあるからで、簡素化には、その見直しが先決である。総務大臣の「ビジョン懇」（地方分権21世紀ビジョン懇談会）が「地方が自由に歳出を決定できる部分については、現行の複雑な交付税の算定基礎を抜本的に改め、誰にでもわかる簡便な算定基礎に順次変えていくべきである」とし、基準財政需要額の「地方が自由に歳出を決定できる部分」については「人口と面積を基本とする新型交付税の導入」を提言したのである。

本当に、この「部分」を特定できるだろうか。しかも、①と③が進めば、「地方が自由に歳出を決定できない部分」が少なくなり、交付税の不交付団体が増え、地方交付税全体の財源保障機能は低下する。そのとき、農山村地域に位置し交付税依存度の高い市町村はどうなるのか、国と地方は協力してその見通しを早く示すべきである。「財政再建法制」も見直すのであれば、なおさらである。

町村週報第2575号　2006（平成18）年10月2日　閑話休題

全国町村会は、2007（平成19）年7月27日、臨時総会を開催し、任期完了を迎える正副会長の選任を行いました。会長には、山本文男福岡県添田町長が再任されました。再任の挨拶の中で山本会長は、委員として参画している第29次地方制度調査会の動きを取り上げながら、「この2年間くらいが一番大事な時期であり、先頭に立って最善の努力をする」などと抱負を述べています。なお、全国町村会事務総長は、2006（平成18）年11月から、前任の谷合靖夫さんに替わって山中昭栄さん（前職は防衛施設庁長官）でした（2013（平成25）年7月末まで）。

この臨時総会で、私は、「町村　この基礎自治体の底力」と題する講演を行いました。

以下は、その時の講演の記録です。

❖町村　この基礎自治体の底力

土地の恵みと力を引き出す

皆さんは新井満さん作詞・作曲の「千の風になって」という歌をご存知でしょうか。秋川雅史さんの歌が大ヒットになりました。昨晩、拙いのですがこの歌の替え歌を作りましたので、気恥ずかしいのですが、ここで披露したいと思います。

わたしの村を訪ねて／哀れまないでください／ここでわたしは生きています／ぐちってなんかいません／空と大地の／空と大地の間の／この豊かな恵みを／受けとっています

これが私の農山村へ寄せる思いです。東京生まれ東京育ちの私が、どうして農山村や町村のことを個人的にこんなに思うのかということをお話しますと、私は都市の暮らしのあり方を大事だと思っていまして、都市に暮らす人々がこんな惨めな暮らしをしているのはどうしてなのかを考えるべきだと思っておりました。若い頃、地方自治の勉強をし始めた頃は、東京の中のコミュニティに関心があり、自治の基本は地域コミュニティであり、コミュニティなしに都市は成り立たないのではないかと思い、都市の研究を始めました。しかし、都市のあり方は農山村地域のことが分からないと理解できないのではないか、都市の弱点も分からないのではないかと考え、全国を歩き始めました。全国を廻って見ると東京だけを見ていても日本のことは分からないと実感しました。たくさんの場所を歩いて、どこを歩いたか忘れたところもありますが、現地から呼ばれていないにもかかわらず、私どもが押しかけていった最初のまちが北海道の池田町でした。

自治体がお酒をつくってはいけないと考えられていた時代に、池田町はワインを最初につくったまちでした。あそこは今でいう過疎地域で、ある時、若者達が自分たちの将来をどうすればいいのかということを当時の町長さんと一緒に考えたというんですね。自分たちのまちには何もないのではないかと思ったそうです。しかし、ある青年が野に放置されているブドウにふと気がついた。そのブドウを食べてみると、とても酸っぱくて食べられない。しかし、調べてみると、北のほうに育つブドウとしてはワインをつくるのに非常に適している品種であることが分かったというんです。それが出発点でした。最終的に、町は「ワイン城」という大きなレストランを造って職員を派遣し、そのレストランで働かせて「いらっしゃいませ、ありがとうございます」というように職員を鍛え、行政運営に波及させるということをやりました。それと同時に高齢者の「生きがい焼き」という陶器づくりも始めました。単にワインをつくるだけでなく、そこに暮らす人たちがどうやって豊かに生活することができるのか考えようという、私が最初に行ったのは、そういうまちでした。

このようにして、当時、大都市ではなく農山村を回って見て私が学んだことの一つは、どこの土地にもその土地の人々がまだ気づいていないような、土地の恵みや力がある、ということです。その力をこそ、自分たちの手で引き出す以外に決してその土地は豊かになれない、そのことに気がついてその力を引き出せば、少々の困難があっても大丈夫なんだと。したがって地域開発というのは内発型になるわけです。外から何か持ってくることも誘発効果という意味では重要かもしれませんが、その土地が秘めている可能性をみんなで引き出した時に、その土地の人々は必ず豊かになれる。そのことに気づいた自治体は、どんなに小さくても、どんなに財政的にも貧しくても大丈夫だ、それがその時私が感じたことでした。同じ目で大きな都市を見てみると、そんなことは少しも分からずに大きな都市であるが故に怠慢な、あるいはずさんな行政運営をやっているところがざらにあるのではないか、ということにも気がつきました。

人口規模による基礎的自治体再編には断固反対を

町村の皆さんとお付き合いし、地方自治の勉強をする中で相当に気がかりのことが多かったのですが、最近は、町村は大丈夫ではないかとも思い始めています。それを今日はお話させていただきます。

市町村合併については、今まで町村会全体としては正面から反対はしておりません。それぞれ町村の皆様方が将来の行方についてきちんとお考えになって決心されることですから、全国町村会が「合併はまかりならない」とか「合併を進めよ」とか言う立場にはないし、会長さんもそういう風には発言してはきませんでした。私も、市町村合併について旗は振っておりませんが、合併をやるなとも言ったことはありません。合併は、当事者である市町村が自主的に考え、判断することが大原則ですから、するとお決めになっても構わないと思います。ただし、町村が小規模であるが故に、強制的に全部なくすというのであれば拒否しなければなりません。今後は、正面から闘わない限り、なくされる懸念が出てきました。

皆様方のお手元にある資料は、本日（7月27日）付『自治日報』の「自治」という欄に私が執筆した原稿（タイトル＝「徘徊し始めた『道州妖怪』」）です。道州制については、いろいろな考え方がありますので、それぞれの立場があって構わないと思います。ただし、道州制に賛成しようがしまいが、これに同意するということになった時の「道州の中の基礎自治体のあり方」についてだけには異論があります。「はい、そうですか」とはいきません。

今の論議されている道州制は正体不明です。正体不明のままで、道州の中の基礎自治体の人口規模は少なくとも20万人以上で整備すべきであるというのが道州制推進論者の言い分になりかけています。これが危ないと思います。20万以上といったそんな論拠がどこから出てくるのか、これは論破しなければなりません。この原稿は主として現職の知事に向けて書いたものです。形態・内容・権限・財政等の点で道州が何者であるかが明確にならないまま、道州制を導入した時に市町村合併をさらに進めるとか、そのとき町村がどうなるといったことが議論され始めています。そんな道州制論議に知事たちは与するのであろうか、と問いかけるために書きました。

町村の話と結びつけると、こういうことです。日本は山国で、圧倒的に輸入材が安いために、自分たちのところの木を切らないで済んでいます。しかし、こんなことがいつまでも続くと思いますか。必ず日本の木を切らなければならない日が来ると思います。すぐ分かることですが、仮に木を切らねばならなくなったらその後に、誰が木を植え、育てていくのでしょうか。山を守り育てるワザがどんどん失われていく中で、そうならないよう頑張っている町村もあります。山のワザを絶えさせないために、なけなしの財政をやりくりして何とかがんばっているのです。これについて本当に国は真面目に考えているのかと言えば、どうせ安い輸入材が入ってくるだろうと安閑としている。そんなことでいいのだろうかと思います。

もう一つ、日本は山国なので人が暮らせる場所が非常に狭く、農山村も都市と比べれば閑散としていますけれども、暮らす場所は狭いんです。このように日本の国土はもともと地域密度が高く、それに合わせないと政策、施策は有効性を発揮しません。その地域密度を度外視して、自治体の区域を安易に拡大すると政策の有効性を確保できないのです。ただし都市部の方はある程度人口が詰まっているから、その区域を広げられるかもしれないのですが、農山村地域の方は、まばらな状態なので、それをさらに広げるとうまくいかないのです。

「平成の大合併」を検証してみると歴然としていることがあります。それは無理をしてたくさんの市と町村が合併したところは、人口は増えたかもしれませんが、それを上回って巨大な面積になっているということです。例えば飛騨の高山では、がんばって高山市と九つの町村が合併しました。それで人口が約3万人増えて、9万6000人の市になりました。ところが面積が東京都とほぼ同じ2177㎢にもなった。行ってご覧になれば分かりますが、あそこは中山間地域の町村を編入合併しました。この高山市に、これからの基礎的自治体は人口20万人以上でなければならないから、さらに合併して大きくせよということになったら、今の人口を倍にしなければいけない。人口を倍にするため、さらに広大な区域にして、どうやって人々の暮らしを支えられるような自治行政が可能になるのでしょうか。とても、それが基礎的自治体の体をなしうるとは思えません。

基礎的自治体の人口規模を一律に20万以上にそろえて道州にしなければいけないというような道州であれば、そんな道州はいらないと言うべきです。町村が「いろいろ難しい事情があるけれども、このまま頑張りたい」と言うのであれば、「なるほど農山村は大変だ、あなた方が単独でも頑張りたいというのであれば、応援しましょう」というのが、普通、国がとるべき態度でしょう。ところが、この日本という国は、「お前のところは小さくてやりくりが大変なんだろう、地方交付税にも依存しているのだろう、迷惑なんだな、なくなってくれ」と言う。こんな国が「美しい国」といえますか。どこの国でも、基礎的自治体の存在形態と規模は多様です。それは、それぞれの土地の特色に見合って基礎的自治体が成り立っているものだからです。

市町村というのは、昔風に言えば「ムラ」、「マチ」、「トカイ」ですね。それがある程度自治体の姿として「市・町・村」という言い方になっていますが、もともとこの「市町村」というのは、地方自治法では都市化の流れに合うようにつくられているのです。例えば、「町」というのは、都道府県の条例によって要件が決まっています。要件は都道府県ごとに違いますが、そこには必ず人口規模が書かれています。その要件を満たしてはじめて「町」になっているんです。この要件は、日本では明らかに都市化の指標で考えています。しかし、今は合併しかいっていませんが、廃置分合というように、分割もありえるのです。だから、市の一部が分割された後、その地域をどうするかという場合に町と村の区別が必要になるのです。全体でみると、なるほど市町村を都市化の尺度で区別しているのは確かです。それが悪いと私は言っておりません。しかし人口規模だけでなく、市になるための要件、町になるための要件が必要ですし、また町にならないで村でいる、ということもあり得るのです。

例えば、現在（講演当時）最も人口の多い村は岩手県滝沢村です。人口は約5万3000人ですが「村民」でいいと、誇り高い。住民が「村民」であることを自ら選んでいるのです*。もう一つ、沖縄県読谷村は人口が約3万8000人の基地の村です。かつてこの村を訪れて私が感激したのは、「グレート・ヴィレッジ（偉大なる村）のままでいいんです」といった村長の言葉でした。そういう考え方は少数かもしれません。しかし市と町村では、市のほうが格が上だから、町村は市になったほうがいい、というのは間違っている考え方です。町村と呼ばれる基礎的自治体は、その地域に相応しく存在しているのです。市というのは、その市が成り立つような土地の条件があるから市なのです。その間に上下関係があるはずがないのです。

これからお話するのは見通しになりますが、ちょっと気がかりなことがあります。第29次の地方制度調査会が始まり、ここでの安倍総理からの諮問の一つが、「市町村合併を含め、基礎自治体のあり方」を審議してほしいというものであったからです。どうしてこの時期にこのような諮問があったかというと、現在の合併特例法の終期が2010年3月末に来るからです。今、都道府県が働きかけていますから、もう少し市町村合併は進むかもしれませんが、合併特例法をこのまま終わらせれば「平成の大合併」は終わりになります。

しかし、通常は、期限がくる法律については前倒しで検討に入ることになります。終わらせるのか、延長にするか、一回終わらせた上で新しいものをつくるのかを検討することになります。第29次地方制度調査会はその下準備に入ったということだと理解する必要があります。2010年以降も、さらに合併を推進するのかどうかです。総理の諮問はそういう趣旨なのかどうかです。

もう一つ重要なことは合併特例法と同時期に、いわゆる過疎法の終期も来るということです。したがって合併特例法と過疎法の行方は、農山村地域とそこで成り立っている町村にとっては非常に重要な問題であります。

見通しの話に戻りますが、仮にかつての「特例町村制」という「西尾私案」がもう一回出てくるような場合は、私は出てこないのではないかと見ていますが、やはり断固としてはね返す必要があると思います。かりに「西尾私案」のような提案が再び出てきたときに、町村のみなさんは「それでもいいから町村として残りたい」などとは言わないでほしいと思います。首長は公選で、議員は無報酬でも公選で自治体としては残りますが、職員組織を簡素化し、教育委員会は置かない、法令で義務づけられている事務事業はしなくてよい、都道府県にさせる、そういうタイプの団体でよければ自治体として残してあげるから残ったらどうか、と誘われる可能性があります。その時に町村の皆さん自身が「それでもいい」と言われてしまうと切ない。私の立場などは構わないのですが、属地のような扱いを受け、町村としての誇りを捨てても生き残りたいのか、ということですね。

その時は、現在、町村の仕事として行っている仕事は自分たちの力でできる、できない仕事は様々な協力する仕組みをつくって十分こなせるという、その力を示せばいい。町村にその力がないということはありません。合併しなくても町村が協力し合えば可能になるんだということを真摯に示せばいいんです。

私は都市と町村を比較研究して、町村の自治行政力が相対的に劣るということは実証されていないと思います。今回、しっかりした市政をやっていなかったために周辺の町村と合併できなかった市があります。町村の方は小さくても、堅実で充実した自治運営をやってきているところもあります。しっかりした市政をやっていないにもかかわらず「町村のあんた方がどうしても合併したいというのであれば、名前も本庁の位置も施策について文句はなしだよ、編入合併であれば考えてあげてもいい」という。そんなことをいう市もあるんです。そんな合併であれば断って当然だと思います。

「合併した後でもできるだけ旧町村単位の地域自治を尊重し存続させたいと思うし、大事にしたいと思うから、大きく発展するためにご一緒しませんか」とおおらかな態度をとる市長さんであれば真剣に協議してもいいと思いますし、そういう市がないわけではありません。いずれにせよ、合併は、お互いに相手次第ですね。

さて、今後のことで、もう一つ重要なことがあります。以前は私どもが市町村の財政などのデータを入手することは大変でした。しかし今は総務省のホームページを開き、検索していけば全市区町村の決算カードが出てきて、財政状況が一目で分かります。地方財政情報の公表が進みました。ということは、自治体のデータを外部の人が簡単に見ることができる時代になったということです。自分たちのことは自分たちしか知らないという時代は過ぎ去り、財政力指数、実質公債費比率など主要な指標をみんな他から見られている。そうすると町村の皆さん方が財政運営をどうおやりになっているのかが数値で分かってしまう。

なぜ私がこのことが気がかりなのかというと、財政健全化法が実施に入り、財政健全化判断比率（実質赤字比率・連結赤字比率・実質公債費比率・将来負担比率）の基準とよばれるものを総務省が策定中でして、間もなく明らかになります。これらの基準が公表された時、小規模な町村の数値が軒並み悪く出てくる可能性があるのです。その時、「やはり小さい町村には、このままでは無理だ、生き残っていけるのか」と言われる可能性が出てきます。もちろん全部の町村の数値が悪いというようなことになりません。首長や職員がしっかりしていて、堅実な財政運営に徹しているところもあるのです。

皆さんがやるべきことは、そうした財政指標についてほかの自治体と比較しながら、自分たちが今どうなっているのか、どうしてこうなっているのか、今後はどういう見通しでいけるのか、ということを早急に見直し検討することです。

ほとんどの町村は地方交付税の交付を受けて財政運営をしています。ということは、財政需要に対して地方税の収入が少ないということになります。税収は少ないのですが、地方交付税上の基準財政収入額は、地方税収の75％しかカウントしておりませんので、少額ではありますが、残りの25％は留保財源になっているのです。町村は税収の規模があまり大きくありませんから、25％の部分に気がつかないのですが、この留保財源分は紛れもなく純粋の自主財源です。これを少しでも増やす工夫が必要です。

一方で地方債という形で皆さん方は借金もできます。借金をすると、そのあと相当に交付税で面倒を見てくれます。よく調べてみると、いくつかの町村では、この交付税で面倒を見てくれることに依存しすぎて、留保財源分をきちっと考えないで借金しているところがあります。そのような財政運営は見直す必要があります。厳しいことを申し上げるようですが、財政健全化指標が公表されることは、自分たちだけでなく、世間一般の人たちからも見られるという時節を迎えているということです。頑張り通すことができるのであれば、地方交付税制度が廃止になるということはありませんから大丈夫ですが、問題は地方交付税制度を皆さん方がどういう形でお使いになり、地域を持続可能にしているか、その点が非常に重要なのです。

今まで私が見てきた町村の力をもってすれば、どんなに小さくても生き延びることは可能です。自ら町村であることを放棄しない限り、町村が生き延びることは可能ですし、町村が生き延びていかない限り、農山村を抱える日本のような国は滅びるだろうと思います。

もうこれ以上の合併には乗らないこと、町村をなくすという案がでてきたら、結束して叩きつぶしてしまうこと、そのことによって農山村や町村を守り通すこと、そのことは日本を守り、私たちの伝統や文化を守ることにも通じると思うのです。

私の話で明るい展望が拓かれたかどうかは分かりませんけれども、冒頭で申し上げたように、胸を張って「空と大地の間の大きな恵みを受けとる」、この町村の優位性を活かさない手はないと思います。（講演録に若干の加筆訂正を加えています。）

町村週報第２６１２号　２００７（平成19）年８月27日

＊　２０１４（平成26）年1月1日『人口日本一の村』から『住民自治日本一の市』を目指して、単独で滝沢市へ移行した。

4　町村の行方―農山漁村の可能性―山本文男全国町村会会長との対談

私が、「町村週報」で山本文男・全国町村会会長（福岡県添田町長）と対談したのは、1回だけですが、山本さんは、全国町村会長として5期目のときでした。対談では、平成の大合併、三位一体の改革、道州制の動向など町村を取り巻く環境について山本さんの持論が展開されています。私は、全国町村会の「道州制と町村に関する研究会」座長でした。

「道州制と町村に関する研究会」は、2007（平成19）年4月に、道州制の導入によって大きな影響を受ける町村のあり方について様々な角度から検討を進め、「道州制」をめぐる諸問題に対し、町村サイドから一定の方向性を見出すことを目的として設置されました。発足時の研究会は、学識経験者として、大森彌（座長・東京大学名誉教授）、岡﨑昌之（法政大学教授）、小田切徳美（明治大学教授）、金澤史男（横浜国立大学教授・2009（平成21）年6月16日逝去）、坂本誠（独立行政法人農村工学研究所研究員）、橋立達夫（作新学院大学教授）、松本克夫（ジャーナリスト）、宮口侗廸（早稲田大学教授）、全国町村会事務局として、山中昭栄（事務総長）、平山優（事務局次長）、高野純一（総務部長）、久保雅（行政部長）、長江哲（財政部長）、牛島正美（経済農林部長）によって構成されていました。

❖対談　全国町村会長・山本文男　東京大学名誉教授・大森彌

町村の行方―農山漁村の可能性―

合併の検証が必要

大森教授　町村を取り巻いている環境について、会長のお立場でのお話をお伺いいたします。私の認識では、「平成の大合併」は２０１０年３月末で終わるのではないかと思っているのですが、会長の感触をお聞かせ願います。

山本会長　今回の合併には、町村などの小規模自治体を全てなくすという意図があるようですね。ですから全ての小規模自治体が合併してしまえば終わるのでしょうけれど、私はその先があるような気がしています。人口３万人程度の小さな市がありますが、「基礎自治体は10万人単位」という議論があるわけですから、更に合併するべきだという事になるのではないでしょうか。

大森教授　町村ばかりではなくて、比較的人口が少ない市も合併を迫られるということですね。

山本会長　そう思います。私が安倍前総理に会ったときに「合併は一旦休止してはどうか」と言ったところ、総理は「合併は時代の要請でもありますから」、と答えました。今回の合併は12、３年前から始まっていますが、地方自治体の数を１０００にするのは当時からの方針のようですね。しかし合併をした結果が良かったのか、悪かったのか、確かなことはまだ誰も言っていないのです。

大森教授　検証が必要だということですね。合併した結果、市に暮らしている人の割合が全人口の88・８％

になっています。一方、町村の人口割合は11・2％です。すなわち合併の効果として市に暮らす人を増やしたということです。これは「都市選挙戦略」を重視した自民党にとっては狙いどおりだったのでしょう。しかし、その結果、先の参議院選で自民党は惨敗をしました。会長にお聞きしたいのですが、今回の「強力」な合併推進は、自民党にとって本当にプラスだったのでしょうか。これ以上合併を進めると政権党としてはもっと打撃を受けるのではないでしょうか。

山本会長　いま合併をせずに残っている町村をこれ以上合併させようとするのであれば、合併の理由をみんなが納得しうるような条件に整えることが必要です。

大森教授　平成の大合併は政権党にとってそれほど良い結果になったのかどうかは問題でしょう。このことを大局的に判断すれば、これ以上無理をして合併を進めないほうがいいのではないか、と私は思っているのですが。

山本会長　合併の推進はある意味で圧力です。私の地元の福岡でも一度破綻した合併協議が再燃しています。これは合

併をしないのは今の時代にそぐわないという、そうした風潮が強いからなのです。合併による悲劇というものがあまり浸透していないため、合併をした方が地域が良くなるのではないかという意識の方が強いのですね。私の近隣でも合併をした町があるのですが、今非常に困っています。合併をしたけれども新しい町としての環境が伴わないのです。

大森教授　そのあたりを客観的に検証すべきだということですね。合併するときに建設計画を作っていますが、私どもが調べたところ、合併した自治体のほとんどがこの建設計画の内容を実現できていないのです。何かにおびえて合併したところが多いのではないでしょうか。ひとつには「合併することが良い事で、しないことは悪い事だ」、という風潮です。もうひとつは地方交付税が減ってきて、このままで財政的に大丈夫だろうか、という不安ですね。

山本会長　やはり多くの町村が、合併に走った一番の理由は財政の暗い見通しです。

地方交付税総額の確保を

大森教授　三位一体改革で3兆円の税源移譲がありましたが、実際のところ町村にはほとんど来ていないですね。むしろ地方交付税が減りましたから、三位一体改革は市町村にとってプラスの改革とはいえなかったのではないでしょうか。

山本会長　三位一体改革は町村側には有利には働きませんでした。むしろ厳しいものだけが残されたという状況です。国と都道府県と市町村の中で、町村が一番打撃を受けたといえます。地方交付税と起債を合わせて5兆1000億円のマイナスです。それは結局復活しなかったのです。

大森教授　最近は知事さんも市町村長さんも地方交付税の減額分を復活せよとおっしゃっていますね。どこも台所事情がひどいものですから、今後、最も重要なのは地方交付税の行方ではないでしょうか。

山本会長　そのとおりです。

大森教授　町村側から見て地方交付税をこのようにしてもらいたい、ということがおありでしょうか。

山本会長　第一に総額の確保です。私どもが主張していることは、地方交付税の総額をいくらと決めたのならその額を最低限保障をして、仮に税収が上がらず原資が不足した場合には、国がその分を補填するという仕組みです。そこまでやらなければ地方交付税の持つ本来の機能は、発揮されないと訴えております。地方交付税というものは、もともと地方のものであって、国から与えられるものではないのです。地方交付税を地方共有税にしてほしいという私どもの主張は、そういう意味を込めてのことです。

大森教授　最近「ふるさと納税」が話題になりましたが、私は「ふるさとは遠くにありて想うもの」ではなく、本来は、「ふるさとは近くにありて守るもの」だと思うのです。そこで、守るためにどうすればよいかを考えるとき、「ふるさと納税」程度の施策では十分ではないと思います。ふるさとを本当に守るためには、もっときちんとした財源保障の仕組みが必要になってくるのではないでしょうか。

山本会長　「ふるさと納税」は焦点がややぼやけているような印象を受け

ます。そして納税する人に果たしてそれだけの愛郷心があるのかどうかということです。特に若い世代の人たちは、どの程度愛郷心を持っているのかわかりません。

大森教授　20〜30代を対象にした「ふるさと納税」で寄付したい場所の意識調査では、第一位が北海道で二位が沖縄、そして三位が東京だったそうです。東京にお金が行くというのでは、本来の趣旨と違ってくるのではないですか。東京にばかりお金や、何もかもが一極集中して、地方との格差が拡大しているという問題があります。会長はこの問題について、どのようにお考えでしょうか。

山本会長　いま地方交付税の原資に地方法人二税を充てる案が出ていますが、狙いは東京と地方との格差の解消です。問題となるのは額ですが、東京から全額を出せというのであれば、諸手を挙げて賛成しますが、そういうことにはなりません。また法人関係税は景気によって変動しやすいのです。その部分（地方交付税）を国が最低限保障してくれるのかと聞いたのですが、その回答はありませんでした。東京都は当然反対をしています。東京都の分を地方に回すということになったとしても、都道府県レベルでは効果的かもしれませんが、町村にとっては良い効果は望めないと私は思います。

大森教授　いま議論されているのは、地方法人二税（法人住民税、法人事業税）という地方税で税収格差の是正をやろうとしているものですから、国税には影響しない、フェアでない議論の方向ではないかと思っているのです。きちんとやるのであれば、相対的に偏在の小さい消費税と法人税を交換してもらいたいというべきです。あまりごり押しすると、東京や名古屋など税収の多いところは怒るのではないでしょうか。再分配するのは国税でやるべきです。地方税での再分配は良くない発想だと思います。

山本会長　いま交付税の原資には、消費税が1・2％、3兆円くらい入っていますが、地方法人二税と消費税を交換することは、地方にとってみれば安定性のある消費税の方がありがたいのです。しかし財務省としては、消費税は大変貴重な税ですから、総務省の地方法人二税を持ってこようという案はなかなかうまくはいかないですよ。ただ、この税収格差の是正に関連して、この是正策によって生じる財源を活用して、地方の活性化施策に必要な地方交付税特別枠を確保して条件不利地域などを支援する仕組みを創設するということは、税財政の抜本改革までの暫定措置としては、一定の有効性はあるかもしれません。

人口規模による基礎自治体再編は拒否すべき

大森教授　話は変わりますが、現在地方制度調査会で検討されはじめていることは、今回の合併で残った基礎自治体、市町村の扱い方です。私が気懸かりなのは、従来、全国町村会は市町村を人口規模のみで小規模と決めつけることには反対し続けてきたのですが、どうも、依然として、国には「人口1万人未満」の基礎自治体はなんとかしようという議論があるのではないでしょうか。人口が少ないところは職員体制が整わないという理由で、一定規模以下の市町村の仕事のあり方や、議会のあり方についても議論するのではないかと思われます。そうすると小さな市町村は荷の重い仕事は出来ないのだから、都道府県にやってもらいなさい、という選択肢が示されるようになってくるのではないでしょうか。

山本会長　その可能性はあると思います。

大森教授　その方向で進むと、いままで合併せずに単独でやってきた町村の行方が心配になってくるのです。全国町村会としてどのように考え、何を主張していくかを検討しておく必要があるのではないでしょうか。

山本会長 私は残った町村をどうするかの議論の過程で、かつての西尾私案が生き返ってくるような気がしています。西尾私案そのままの形でないとしても、似たような発想がまた出てくるのではないでしょうか。残った町村をどのように扱うかということについては、今後の政府の方針が大変重要になってきます。

大森教授 一定の人口規模で基礎自治体をそろえるということになると、いまの町村のほとんどが消えてしまいます。残るのが「市」だけならば、「市町村」という名称が必要なくなり「基礎自治体」というひとくくりで済むわけです。その議論が明確に道州制と結びついてくるのです。つまり道州制の構想は、市町村というくくりをなくして「基礎自治体」だけにするということです。「基礎自治体」は人口一定規模で再編されたものですから、例えば20万人以上としたならばそれ以下の市町村は消えろということになります。私はその議論はあまりにも乱暴であると思います。

山本会長 全く同感ですね。

大森教授 私はこういった自治の仕組みを構想すること自体がおかしいと思うのです。人口20万人以上でなければ基礎自治体と認めないということは、学問的にも自治政策的にも成り立たないのではないでしょうか。

山本会長　現行法では無理でしょう。ただし私は将来的には道州制の方向に向かうと思います。現実に3～4年後にはその方針が示されて、10年後くらいには道州制を実施するという話が出てきています。私は道州制が我が国にとって、果たしてどのくらいのメリットがあるのか疑問に思います。住民も道州制が実施されて喜ぶことはないのではないでしょうか。東京や名古屋の大都市、私どもの九州でいえば福岡や北九州などに住む人は、あまり変化がないということになるかもしれませんが、それ以外のところに住む人は住民サービスの窓口ひとつをとっても、いままでの市町村役場と同じようなものをつくってそこに行かなくてはならなくなるでしょう。それが意味のあることとは思えないのです。

大森教授　自民党の調査会や第28次地方制度調査会で議論された道州は広域自治体にするといわれています。国の機関ではないということです。果たして人口1千万人規模の道州が、広域自治体になれるものだろうかと思います。しかし現職の知事さんたちが道州制についていろいろと言い始めていますから、一つの流れが出来ているということでしょう。

山本会長　道州制に賛成しているのは、経済界と一部の関係者ではないでしょうか。

大森教授　都道府県制に反対している人たちは、地方分権以前の都道府県のことを念頭に置いているのだと思います。分権改革をしてからの都道府県というものは、変わろうと思えばもっと変わっていけるのです。都道府県と市町村が協力して地域のことをもっと良くしていこうという努力をすることが大事です。いまは都道府県の可能性をもっと信じるべきです。さらに、道州制になったらいまの国会議員は激減せざるを得ません。県議会の議員さんも大幅に減ります。国政の政治家にとってどうしても道州制をやりたいという理由がわからないのです。もう一つわからないのは、現職の知事さんに道州制賛同者がいることです。知事さんが都道府県を自己否定して道州制の方向に向かうということが理解できないのです。

山本会長　その点は「道州制を導入するとこのような良いことがありますよ」、といったことは国会の先生方も何も言いません。私は道州制については、その方向に進むことの理由やメリットがはっきり示されず、理解に苦しむため賛成できないのです。

大森教授　すくなくとも人口一定規模以下の自治体は全てなくすということとセットになっている道州制については認めるわけにはいきませんね。これは「日本の国土から町村をなくせ」といっているのと同じことですから。あまりにも乱暴な議論と言わざるを得ません。

山本会長　全くそのとおりです。地方行政というものは、人の情け、人情がなければ成り立たないのです。地域の現場をよく知っている職員がいて、きめ細かな住民サービスを提供していかなくては、住民にとって本当の意味での良い行政は進められないのです。

農山漁村地域の展望と可能性

大森教授　ところで、いまの合併特例法が期限を迎える２０１０年3月末と同じ時に過疎法も期限が切れます。この過疎法の行方も心配です。私は、過疎法はもう一度姿を変えて、いわゆる条件不利地域への支援法にすべきだと思うのですが。会長はどのようにお考えですか。

山本会長　去る11月に過疎地域の活性化や自立策を話し合う「全国過疎問題シンポジウム」が福岡で開催

されました。そのときの雰囲気は何らかの措置を引き続きやってほしいということで、参加者の気持ちが一致していることは間違いありません。また他の有力な筋からの情報によりますと、過疎法は延長せざるを得ない、との議論が進んでいるということも伝わってきています。私は地域間格差の解消のために、むしろ過疎法の内容を拡大すべきだと主張しているのです。

大森教授　限界集落という言葉を私はあまり好みませんが、人がほとんど住まない集落が増えていることは事実です。私は今後、国が農山漁村地域をどのように考えていくかは、日本の将来を決するほど重要なテーマになってくると思います。いまの流れで行くと農山漁村地域の将来は辛いものになると思います。農山漁村地域をどのように維持していくか、これは非常に大きな政治の話だと思うのです。この時期に改めて政権を担っている、特に自民党の議員が、農山漁村地域の将来をきちんと考えてほしいと思っているのですが。

山本会長　我が国にとって農山漁村地域は残していくべきです。そして振興させるべきです。それを放棄することは、日本全体を破壊させるようなものです。竹島でもそこに人が住んでいればいまのようなことにはならなかったでしょう。無人の地域をつくってはいけないのです。現在、全国の町村が無人の地域をつくらないよう懸命に防守しています。

大森教授　全国町村会がいままで提言書の中で触れてきましたが、最近、都市に暮らす人たちの中で農山漁村の価値を見直そうという動きが出てきています。一方で農山漁村に暮らす人たちは、努力と工夫をして都市の人たちとつながっていこうという取組をしはじめています。農山漁村地域の人たちが、そこで子供を産み育てていこうという動きが出てきているのではないかと思うのです。将来を展望するとき、私は農山漁村は衰退するだけではなく、意外と持ち直しの方向に向かっていくのではないかと、そしてそのことを都市の人たちも応援しはじめているのではないかと思っています。このような流れの中で、都市と農山漁村は元々利害が対立しているのではなくて、双方が足りないところを補って初めて成り立っているということを政治を担う人たちが、どこかではっきりと認識し、その意思を示してほしいのです。

山本会長　そのとおりですね。あとは農山漁村地域における生活のレベルが一般の水準まで上がってくれば、人が定着してくれると思います。

大森教授　合併が進んだ結果、農山漁村地域が相当程度に市域に含まれています。町村同士が合併して市になっても市街地はほとんどありません。町村も財政が厳しくて辛いということはよく分かりますが、農山漁村が全て市街地になるわけではないのです。農山漁村地域に成り立つ自治体、それが町村のことですから、町村が必要なのです。そうしないと日本はずるずる、農山漁村地域を無視した形で都市化へとさらに進んでしまいます。町村が自主・自律を目指して努力していけば、一方で支援の手が届く方向に向かうのではないかと思うのです。何とかしてその展望を拓きたいのです。

山本会長　私の町でも農業振興を図るためには何をしたらよいかという案がたくさんあります。ひとつの取組として、生産者が自分たちで作った農産物をいろいろなところで売り始めています。これは英彦山に来る観光客にも評判がよいのです。自分たちで何かを作って売ろうという人たちが町内に600人くらいいて、国からは、道の駅をつくってほしいといわれるほど栄えています。こういった試みが今のところうまくいっていますが、これを持続させるためには、農業を戦略的に考える必要があります。そのために過疎法が重要になってくるのです。過疎法による支援がそこに注ぎ込まれることで近代的な農業が生まれ、さらに振興していけば、過疎地域にも人がたくさん集まるようになるということです。

大森教授　そろそろ時間ですが、新春対談ということですから明るい方向でまとめることにしましょう。会長、最後に一言お願いします。

山本会長　町村はいかなる厳しい状況になろうとも、みんなで一致団結してそれを切り抜け、新しい年に新しい時代を創っていこうという思いでおります。

町村週報第２６２５号　２００８（平成20）年１月７日　新年号特別企画

❖山本文男・全国町村会会長について

プロフィール

１９２６（大正15）年1月15日、福岡県添田町の山里の農家に生まれ、尋常小学校を卒業。１９４３（昭和18）年熊本逓信講習所卒業。逓信局に勤務の後、陸軍久留米48部隊に入隊。その後、東京陸軍造兵廠のレーダー探知技術学校で学び、防空レーダー探索にあたっていた１９４５（昭和20）年３月10日、東京大空襲に遭遇。「翌日、焼け野原になった荒川堤防に救助に向かったが何の役にも立てなかった。黒こげになった死体が累々とした光景は決して忘れることができない」と述懐しています。久留米の部隊に戻り、終戦を迎えました。19歳の夏でした。

添田町に戻り、1946（昭和21）年1月、九州鉱山株式会社勤務、1949（昭和24）年6月、北九州炭鉱株式会社勤務を経て、1958（昭和33）年3月、修験道で知られる英彦山のふもとの医療法人新光園の理事長に就任。1963（昭和38）年6月添田町議会議員選挙に出馬。「当時、添田町にボタ山を原料にした耐火煉瓦工場をつくる計画がもちあがり、古里が粉塵まみれになってはかなわないとその計画に反対する」というのが出馬への動機であったといいます。

町議員を2期務め、1967（昭和42）年6月から1971（昭和46）年1月までは議長。1971（昭和46）年2月添田町長に出馬し当選、2期までは「めしを食う道はほかにある」と給与を返上しました。2007年1月16日の町長選挙では他に立候補者が無く、10期目の当選を果たしました（連続3期無投票）。1992（平成4）年10月福岡県町村会長に就任。1999（平成11）年7月から2010（平成22）年3月6日まで全国町村会会長を務めました。その間、社会保障審議会委員など国の審議会の委員として、また全国知事会会長を務める麻生渡・福岡県知事と協調して、地方の声を政府に伝える役割を担いました。

山本さんは、地方分権改革など地方自治が大きく変わり始めた中で全国町村会会長として卓越したリーダーシップを発揮するとともに、町村に不利な動きがあれば、はっきり物申すという姿勢を貫いたといえます。地方六団体においてもその存在感は際立っており、地方六団体合同で行う運動においても常に中心的な役割を果たしました。

地方自治に関する山本さんの考え方

以下、全国町村会「会務報告書」（内部資料）などから、山本さんの地方自治に関する見方・考え方を抽出しました。

○基礎自治体について

・基礎自治体のあるべき姿とは自力運営ができる、の一言につきる。行政とは国、県、市町村のためにあるのではない。住民に幸福を与えるためにある。そのために、税財源の移譲による財政システムを整え、小さな自治体が独立できるようにしなければならない。

・どの地域においても国民一人ひとりが安心して暮らすことのできる国土の多様な姿に見合った多彩な基礎自治体の存在こそが地方自治本来のあり方である。

・小さな自治体は職員の数が不足し、行政能力が劣るかのようにいうのは、自治とは住民が自ら治めるものだという基本を忘れた見方である。互いに顔が見える小さな自治体ほど、住民が力を合わせやすい。実際、大きな都市とは違い、小さな自治体では、職員が集落の中核になり、大事な行事には村中が総出で当たるなど、「行政と住民との協働」は日常的である。住民を含めた「地域力」を総合的に見ない限り、小規模自治体の能力を判断できるものではない。それぞれが抱えている地域の諸事情に配慮しあい、力の足りないところを互いに補いながら頑張っているのが地方の実態であり、そのことをこそ正当に評価すべきである。

○市町村合併について

・　２０１０（平成22）年３月で一段落したと言われる市町村合併については、地方制度調査会等において次のように主張し続けた。

そもそも、全国には歴史と伝統を守り、受け継がれている集落が多数あり、それぞれの集落にはその土地の暮らしに適した技や知恵が蓄積されている。それは文化の源ともいうべきものであり、集落の消滅は日本の文化全体を貧しくするという認識を持つべきである。集落は行政主体としての町や村によって常に見守られているという安心感があってこそ、元気を維持できる。合併がもたらした弊害の一つは、行政の目が行き届かなくなり、集落の暮らしの安心感が失われつつあることである。身体に例えれば、末端まで血が通わない症状が現れている。仮に合併により国がねらいとする行政の効率化が進んだとしても、それによって地域が疲弊したのでは何の意味もない。一方で集落の消滅の危機を指摘しておきながら、他方で消滅を促しかねない合併を推進したのは、全く無責任な、矛盾した政策と言うべきである。

・　市町村合併については、「合併した自治体の住民は泣いているんですよ。従来のサービスを受け続けるのと、合併して役所や役場が遠くなったのと、どっちがメリットがあるのか。住民の所得が増えたわけでもない。結局、誰かにとってやりやすいということなんでしょう。」と憤りを隠さなかった。

○道州制について

・　道州制には断固反対であるとの考え方を主張し続けた。主権者たる国民の意識や感覚から遠くかけ離れたものになっている。果たしてどれ程の国民がその実現を望んでいるというのだろうか。仮に道州制が導入されたとしても地域間の格差が解消されるとはとうてい言いがたく、むしろ巨大な道州は住民と行政との距離を一段と遠いものとする。道州制は中央からみれば分権かもしれないが地方からみれば新たな集権体制を生み出すことを意味する。そのような道州制下で歴史、文化、慣習、伝統といった地域の特色や地理的状況の違いなどを全て無視して３００とか７００とか単なる数あわせで強制的につくられた基礎自治体が果たして真の自治の担い手となり得るだろうか。このような企ては現存する町村と多様な自治のあり方を否定するものであり、決して容認できるものではない。この国の行く末を思い地方自治の発展を真摯に願う心のある人々は、決して道州制に賛意を示すことはないと思う。

○農業振興について

・今日、若者が農村地域を目指す動きが出始めている。新しい人の流入が地域の活性化につながっている例は少なくない。雇用が危機的な状況にある今、農村への人の流れを確かなものとして「地域力」を高めるなど、小規模自治体を鼓舞する方策を優先させるべきである。添田町においては「町内に7町歩ある耕作放棄地を集め、農業法人に委託して、米、野菜、果樹栽培をやる。働き手は70歳前までならたくさんいるし、若者にも帰ってきてもらう。収穫した農産物の加工工場を作り、生産、加工、販売までを一貫し、付加価値を高める。それを実現してから町長を辞めようと思う。だから、できるまでは辞められないですよ」と語っている（『ガバナンス』２００９年2月号、自治の自画像を参照）。

○高齢者対策について

・　どの地域においても、国民一人ひとりが安心して暮らすことのできる国土の多様な姿に見合った多彩な基礎自治体の存在こそが地方自治本来のあり方である。将来を展望したとき、小規模自治体には確かに高齢化率が高いところが多いが、だからこそ、この問題にまず取組むことこそが、これからますます高齢化が進む日本全体にとって必要なことである。

・　高齢化した町村が安泰なら、将来の日本も安泰である。問題は、人口や高齢化率という数字ではなく、そこで暮らす人びとが生き生きとしているか否かである。地域に対する愛着と誇りが失われれば、元気ではいられなくなる。こうした考え方が基礎となって介護保険制度や後期高齢者医療制度の広域連合設立に情熱を注ぐこととなったと思われる。

山本さんの心情・信念・行動を彷彿とさせるエピソード

・　介護保険制度の発足を2年後に控えた1998（平成10）年（当時、全国町村会副会長）、新制度案の内容を説明する国の幹部に対し、「財政力の弱い小さな自治体が単独で実施主体になれば、経営状況が苦しく一般財源を投入せざるを得ない状況になっている国民健康保険の二の舞になることは確実であり、国、県の責任において実施すべき」と主張しました。国・県が動かないのをみると介護先進国ドイツを訪れ、事業内容、国・県の取り組み方等を精力的に調査し、帰国後直ちに県内71町村（当時・総人口110万人）をまとめて全国最大の広域連合を作り上げました。

この背景には、「東京生活が長くなると古里を忘れ東京人になりがちだが、郷土愛をおろそかにしたら国家のあり方は論じられない。わしは九州人らしく覇気を持ってやる」という信念とともに、人口流失や高い失業率など炭鉱閉山の後遺症に苦しむ故郷を何とかしたいという心情が強く働いていたと思われます。

・国の審議会において、増え続ける産業廃棄物をどうするかが議論になった際、委員の1人が「地方は迷惑しているというが、都会の税が回って暮らしているのではないか」という趣旨の発言したのに対し、「都市に食わせてもらっているとは何事だ。都市こそ町村の森林や川、水、出身者で生きているのではないか」と発言の撤回を求める等、町村を守るという立場を貫いていました（『朝日新聞』２００６年10月26日、夕刊、ニッポン人・脈・記筑豊の夕焼け⑨も参照）。

・２００６（平成18）年には安倍晋三首相の就任後官邸を訪れ、「小を大事にしないと大はよくならない。町村を大事にしないと日本全体が栄えません。」と訴え（上記『朝日新聞』参照）、小渕内閣時代にあった首相と市町村長との懇談会の復活を求めています。正しいと信じたことは相手が誰であろうと常に積極的に主張する姿勢を崩しませんでした。

・全国町村会は、２００８（平成20）年10月、「『平成の合併』をめぐる実態と評価」と題する報告書を公表しました。この報告書は、最後に山本さんの発言を受けて「地域の視点を欠いた議論を、再び繰り返してはならない」と結んでいます。しかし、その後も国は市町村合併のメリットばかりを強調することが多く、ある委員会で担当の役人が、「みんな喜んで合併し、幸せになった」と発言したことに対して、山本さんは「馬鹿なことを言うな、嘘を言うな、合併の結果、泣いている所があるじゃないかと叱りつけ、後で大臣にも注意するように言っておいた。相手が大臣だろうと誰だろうと、言うべきことは言わせてもらう」と憤っていました(『ガバナンス』2009年2月号、自治の自画像を参照)。

・2009(平成21)年9月8日には同年8月15日付の『中国新聞』等に掲載された日本経済団体連合会道州制推進委員会共同委員長、アサヒビール会長池田弘一氏の「全国町村会が合併に反対しているのは首長の職がなくなるから当然で、地域住民の声とは見ていない。」とのインタビュー記事に対し、次のような書簡をしたため、同会長あて送付しています。

全国町村会は、「市町村合併はいついかなる場合であっても、それぞれの地域の特性や歩んできた歴史、社会的・経済的圏域としての一体性などを総合的に勘案し、将来への明るい展望をもって、そして何よりも、住民意志を集約し自主的になされるべきものでなければならない」との基本的考え方を一貫して主張してきており、「首長の職がなくなるから当然」とは、我々町村長を愚弄する発言以外のなにものでもない。「全国の町村長は厳しい財政状況の中で、住民一人ひとりがこの町や村に住んで良かったと実感できる地域づくりに懸命に取り組んでいる。この町村長の姿を少しでも理解し、より深い実態認識に基づいて発言をされるよう切に望む。」

ここにも相手が誰であろうと言うべきことは言うという姿勢が現れていました。この件に関しては後日、池田アサヒビール会長が全国町村会を訪れ、発言が不用意であったと陳謝し、「今後は地域の実情なり、町村の実態について更に認識を深めていきたい。そのために機会があれば町村長の皆さんと忌憚なく意見交換をしていきたい」と述べています。

書家としての山本さん

山本さんの作品として、『わが道　山本文男　作品集』（平成21年7月）があります。これは、看板・石碑・門表等にしたためてこられた「書」のご本です。山本さんは、政治家としてのご自分の業績の記録は残されませんでした。そうしたものは残さないというお考えです。そのかわりに、おびただしい数の「書」に一意専心の思いを込められたのだと思います。山本さんは、この「書」の末尾で次のように述べておられます。


昭和四十六年二月添田町長に就任以来三十八年の歳月が経過し、光陰矢のごとしを身を以って知った。

永年町政を担当して、日々を町民の皆様への喜びを与えることや町勢の振興に貢献することができたのかと自己反省している最近である。

しかし、四十年近い歳月、町民の皆様をはじめ、多くの支援者の方々の援助と指導をいただきながら今日までその職務に努めてきた。その記録を残したいと考えたが文書を残すことに自分自身抵抗感があったので、記録を残さないことで、今日に至った。

しかし、様々な顕著な業績や記録すべき事項が数多くこれを全て記録することが非常に大事なことであると気付いたけれど、文章などで記録を残すことはしない方針を決めて忠実に守ってきた。

今度、三十八年間余り何をしたのかわからないままでは時間が有効に使われたと思えなくなるので、今度、飾る文章でなく、只々つくったものを写真で記録に替えることにした。

この中には自分で発想したもの、指示されたものがあるが、全てが自己の記録となるものである。

▲山本さんの作品集『わが道』。看板・石碑・門表等にしたためられた150点余の書跡の写真が収録されている。

5 「平成の合併」後の町村と民主党の地方自治政策

2008（平成20）年11月24日、第2660号で、平成の合併後の町村について、以下のように論じました。

❖「平成の合併」後の町村

市町村合併の「強力推進」は幕引きにせよ

第29次地方制度調査会専門小委員会は、いよいよ「市町村合併を含む基礎自治体のあり方」の検討に入る。現行の「合併特例法」の期限は平成22年3月末に来る。これをもって「市町村合併の強力推進」は終わりにすべきである。国は、政権与党の「市町村数を約1000にまで減ずる」という意向を受けて合併を推進してきたが、この数字自体に説得的な根拠はない。1999年を起点とする「平成の合併」により、市の数は670から783へと増加したが、町村数は、2562から999へと実に1563も減少している（平成20年11月1日現在）。

全国町村会は、「町村の実態に関する改善方策等について」（平成20年10月）において「画一的な合併推進の結果、地域の振興等を担っている町村役場の機能が低下し、全国町村会の調査（全国町村会・道州制と町村に関する研究会『「平成の合併」をめぐる実態と評価』）においても合併にデメリットを指摘する声が、合併の成果を上回り、数多くあげられている。平成の大合併の検証を十分行い、これ以上の合併推進を行わないこと。」という見解を表明している。

一部には、さらに第2次の「平成の合併」を推進して市町村を700〜800程度まで集約すべきだという意見もあるが、これを「自主合併」で達成できるとは到底考えられない。さらなる集約とは強制合併を意味する。そのような意見は、市町村現場の実状に関する「KY」（空気が読めない）の典型である。合併は、あくまでも市町村の自主的選択である。合併するかしないかは、関係市町村の意思によって決まる。合併しなかったところが責められる理由はない。これ以上、市町村を合併へ駆り立てても、日本の国土の多様性を考えれば、強制しない限り、町村をすべて解消することなどできない。

「特例町村制」論議を蒸し返すのか

そこで、「平成の大合併」終結後の市町村を想定して、今後の基礎自治体のあり方を検討することになるが、町村の間では、第27次地方制度調査会の専門小委員会で「西尾私案」として示された「特例町村制」案が蒸し返されるのでないかという疑念が消えない。「特例町村制」とは、「一定の人口規模未満の団体について、これまでの町村制度とは異なる特例的な制度を創設する」というもので、この団体は、「法令による義務付けのない自治事務を一般的に処理するほか、窓口サービス等通常の基礎的自治体に法令上義務付けられた事務の一部を処理するものとする」とされ、「通常の基礎的自治体に義務付けられた事務のうち当該団体に義務付けられなかった事務については、都道府県に当該事務の処理を義務付けるものとする。」というものである。このような団体への移行については、「例えば人口△△未満の団体」は、申請により、このような団体に移行することができるものとし、さらに、「例えば人口△△未満のうち人口○

○未満の団体」は、「これに移行するか、他の団体と合併するか」を一定期日までに選択しなければならないもの（強制移行）とするとされていた。

山本文男全国町村会会長は、２００３（平成15）年10月30日、当時の松本英昭専門小委員長宛に「小規模な市町村には事務の一部を残し、都道府県にはそれ以外の事務処理を義務付ける事務配分特例方式は、地方分権の理念や行政改革にも反するので、導入すべきではない。」と反対の意思を表明した。

第27次地方制度調査会が出した「今後の地方自治制度のあり方に関する答申」（平成15年11月13日）では、「合併困難な市町村に対する特別の方策」の1つとして、「合併に関する新たな法律の下でも当面合併に至ることが客観的に困難である市町村」については、「組織機構を簡素化した上で、法令による義務づけのない自治事務は一般的に処理するが、通常の基礎自治体に法令上義務づけられた事務については窓口サービス等その一部のみを処理し、都道府県にそれ以外の事務の処理を義務づける特例的団体の制度の導入についても引き続き検討する必要がある。この場合において、都道府県は当該事務を自ら処理することとするほか、近隣の基礎自治体に委託すること等も考えられる。」となった。

「西尾私案」と答申とでは、「特例的な団体」を、「一定の人口規模未満の団体（町村）」とするか、「合併に至ることが客観的に困難である市町村」にするかで違っていた。検討ということになれば答申がベースになるから、「西尾私案」は潰えているはずである。「一定の人口規模未満の団体（町村）」とするには、「特例」の人口規模を設定しなければならず、かりに1万人未満とか５０００人未満にしようとしても、その根拠が必要であるし、町村間には地理的位置や財政力指数にもバラツキがあり、一律の線引きは不可能である。したがって、人口規模による「特例町村」設置の考え方は、答申の文面からは消えているのである。

答申は「合併に関する新たな法律の下でも当面合併に至ることが客観的に困難である市町村」を想定して、これらを対象に「特例的団体の制度」の導入について「引き続き検討する必要がある」としたのである。

合併困難市町村をどう扱うのか

そこで、総務省は「合併に至ることが客観的に困難である市町村」の見当をつけるためもあって、「市町村の合併に関する研究会」を設置し、2007年8月6日現在で「未合併市町村」1252団体の「要因分析」をした（報告書『「平成の合併」の評価・検証・分析』平成20年6月）。それによると、①「離島や山間地等に位置し地理的に合併が困難であった」ところが58団体、②「合併を望んだが合併相手が否定的であった」ところが330団体、③「合併協議の際、協議事項について合意がなされなかった」ところが230団体、④「合併について意見集約ができなかった」ところが422団体であったという。①は地理的な阻害要因が、②と③は組合せの相手との関係が、④は積極的な単独運営の選択ではなく意見集約の不調が、それぞれ、合併に至らなかった主な理由であったとされている。これらの他に、⑤「合併せずに単独で運営していこうと考えた」ところが386団体だったという。明らかに「合併が客観的に困難であった」と考えられるのは①と②であり、③は、そう考えられそうなケースも含まれるということであろう。④と⑤は「合併が客観的に困難」であったところではないから、対象外である。答申の文面からすれば、「合併せずに単独で運営していこうと考えた」市町村が「特例的団体」になることはない。

そこで、①、②、③（一部）のような市町村を念頭に置いて「特例的団体の制度」の新設を検討するのであろうか。①や②のような市町村から、合併できなかったから義務付け解除の事務配分特例制度を作ってほしいとの要望が現に出されているのであろうか。かりに「特例的団体」の標準型を法令で定めても、その適用について強制をできない以上、市町村からの申請（選択）方式をとらざるを得ないが、「合併が客観的に困難であった」市町村から手が挙がるのであろうか。少なくとも市から、そのような意思表示が出てくるとは思いにくい。想定されるのは町村である。

合併しようがない町村、合併したかったが相手との関係でできなかった町村は、もはや、他の市町村とは異なり基礎自治体としての要件を欠いているとでも言うのであろうか。もし合併できず、しかも人口が小規模であるがゆえに基礎自治体の性格を失っていると見て、それを「特例的団体の制度」導入の理由にするならば、「特例町村」は基礎自治体とはみなされないことになるから、現行の町村に基礎自治体としての一般町村と、非基礎自治体としての町村が生まれることになる。どう理屈をつけようが、「特例町村」が一人前扱いをされない、惨めな存在になることは明白である。そのようなものになりたいと喜んで挙手するであろうか。現行の「合併特例法」の期限切れ1年前に、「特例町村制」を導入するというサインを送れば、再び、財政運営が苦しく、今後に不安を抱いている小規模な町村を「自主合併」に追い込めると国は考えるのであろうか。

「骨太の方針」の呪縛こそが問題だ

もとはといえば、「小規模町村の場合は仕事と責任を小さくし、都道府県などが肩代わり」という構想は、２００1年6月の「骨太の方針　第一弾」で示されたものである。これを受けて、２００２（平成14）年9月25日の自民党地方行政調査会「地方自治に関する検討プロジェクトチーム」の中間報告は「合併推進策を講じた後になお残る小規模市町村（例えば人口1万未満）については、引き続き基礎的自治体と位置づけるとしても、通常の市町村に法律上義務付けられた事務の一部を都道府県又は周辺市町村が実施する仕組みとすることを今後さらに検討する」とした。いわゆる小泉構造改革の点検・見直しが進められている今日、この構想自体も再考すべきではないか。

２００７年4月2日の地方分権改革推進委員会の発足にあって、当時の安倍総理は「国が地方のやることを考え、押し付けるというやり方は捨て去るべきで、地方のやる気、知恵と工夫を引き出すために、地方が自ら考え、実行することのできる体制づくりが不可欠」であると述べた。町村側の反対を押し切ってまで「特例町村制」の論議を蒸し返すのは、この総理の言葉に照らしても中央集権的な発想そのものである。

人口規模が小さいという理由で町村の処理する事務権限の配分を、合併の進捗や事務権限移譲の推進といった国の意向で決めるという発想自体が問題なのである。事務権限移譲の受け皿づくりのために合併推進だ、合併を望んだのに合併が思うようにできないのだから「特例町村」に指定し、仕事を軽くしてあげるなどという発想はおかしい。

市町村が、必要な仕事を選び取り、それをできるだけ自分で、あるいは自分たちでやり抜き、市町村が選び取らないもの、どうしても手に余るものは広域の自治体としての都道府県が行う、それが事務配分の基本原則である。国が、合併できなくて気の毒だからといった親切顔で、小規模町村の事務権限の配分と負担を差配するやり方をとるべきではない。

今後の基礎的自治体のあり方を議論するならば、国は、理念なき合併とその後の厳しい行財政運営を余儀なくされている市町村や単独行を決め行革と住民協働で懸命に地域自治を守ろうとしている市町村の実態を見極め、全国どこの市町村でも、地域と住民の真の公的ニーズに応えていくのに必要な財源が確保できるよう、地方交付税の財源保障機能を強化すべきである。
特に、少子高齢化の波をいち早くかぶり、地方交付税のゆくえに強い不安を抱く市町村に対して「それならば、歯を食いしばってでも、がんばっていける」と希望がもてる制度・政策設計をこそ国は提示すべきである。小規模町村を冷淡に扱い、希望を失わせるような議論をする場が地方制度調査会であっていいはずがない。

町村週報第2660号 2008（平成20）年11月24日

❖「合併促進運動」の終息と「総合行政主体」

第29次地方制度調査会専門小委員会は、「市町村合併を含む基礎自治体のあり方」についての審議・検討を行いました。そこでの提出資料では、平成11年以来の全国的な「合併促進運動」については、「合併新法期限の平成22年3月末までで終わりにすべきではないか」としていました。「合併促進運動」とは、耳慣れない言葉でしたが、国が指針を示し、都道府県が構想を作って「強力」にプッシュする施策のことで、そうした施策は幕引きにするということでした。しかし、基礎的自治体のあり方に関して「基礎自治体は、総合行政主体として、地域における事務をできる限り担うべきではないか」、「基礎自治体には、総合行政主体として、専門職員が十分に配置されている必要があるのではないか」という論点提示がなされていました。これは問題ではないかと考えました。

「総合行政主体」という見方は、地方自治法第1条の2第1項（「地方公共団体は、住民の福祉の増進を図ることを基本として、地域における行政を自主的かつ総合的に実施する役割を広く担うものとする。」）に関係しています。この条文は、自治体が自らの判断と責任で地域における行政を計画し実施することができ（自主的）、しかも、その行政を「バラバラ」にではなく、関係づけ一体的に実施する（総合的）という意味であるはずです。

これが、基礎自治体ならば、住民に必要なひとそろいの行政事務があって、それを自分の区域ですべてやらなければならない、そのためには、一定の行政体制を備えていなければならないといった意味に解釈するのはおかしいのです。

そうなると、全国の市町村が「総合行政主体」の姿に合致するまで合併を続けるか、「総合行政主体」に期待される事務を処理できなくなっている小規模な市町村を基礎自治体の性格を失いつつあると見て、別扱いにせざるをえなくなるからです。

「総合行政主体」という見方には、市町村を合規格、規格外に分け、国にとって管理しやすいように粒ぞろいにしていくという集権発想がひそんでいるように思えます。わが国の国土、歴史、地域事情などを素直に考えれば、地域の多様な姿に見合うように、いろいろな規模とタイプの自治体が存在し、それぞれに工夫して自治の営みを行っていることが自然です。「総合行政主体」は、この多様性の尊重とは相容れない。

市町村を「総合行政主体」として見るのをやめよ　町村週報第2671号　2008（平成20）年3月2日

❖民主党の地方自治政策

①「霞が関の解体・再編と地域主権の確立」

2009（平成21）年夏、マニフェストで競い合う総選挙が行われ、自民党が大敗を喫して下野し、代わって民主党を中心とした新政権が誕生しました。

当時の民主党には民主党分権調査会（玄葉光一郎会長）が設置され、2010（平成22）年の参議院選挙のために「霞が関の解体・再編と地域主権の確立」を打ち出していました（2009年4月22日）。それは、次のような内容でした。

まず、基本理念では、「1．基礎的自治体重視の新しい『国のかたち』」として、「○霞が関の組織と地方を支配する権限を解体し、新たな中央政府を樹立する。その結果、霞が関に支配され続けていた自治体は、地域のことを地域で決める主権を回復する。○中央集権制度を抜本的に改め、日本の統治の仕組みを分権型社会に変えることで日本全体を再生する。地方のことは権限も財源も地方に委ねることにより、陳情政治からの脱却を図り、国会議員も国家公務員も国家レベルの仕事に専念できるようにする。○地方分権国家の母体を、道州のような広域自治体ではなく、住民に一番身近な基礎的自治体とし、全国を最終的には300程度の基礎的自治体にすることを目標とする。生活に関わる行政サービスをはじめ、基礎的自治体が対応すべき事務事業が全て行えるよう、権限（立法権・執行権）と財源を大幅に移譲し、国と基礎的自治体による新たなる『国のかたち』をめざす。」とし、「2．自治体の多様性を踏まえた地域主権」として、「○わが国には人口約360万人の横浜市から人口約200人の青ケ島村（東京都）まで多様な基礎的自治体が存在する。また離島や山間地など、基礎的自治体が置かれている地理的条件も様々である。そうした基礎的自治体の多様性を尊重した地域主権を推進する。」としていました。

そして、「当面目指すべき国のかたち」としては、「自治体の再編」では、「⑴再編の全体像」を「国から都道府県・基礎的自治体に対して大幅に事務事業を移譲する。それとともに都道府県が担っている事務事業の3分の2を基礎的自治体に移譲する。」とし、「⑵基礎的自治体の執行権の拡充」を「○自治体の自主性を尊重しつつ、第2次平成の合併等を推進することにより、現在の市町村を当面7００～8００程度に集約し、基礎的自治体の能力の拡大に努める。政権獲得後3年目までに基礎的自治体のあり方の制度設計を進め、その後に第2次平成の合併を行うこととする。○合併等により集約をする市町村に対して一定期間、一括交付金の算定で優遇措置を講ずる。○基礎的自治体の能力拡大の程度に応じて、当該自治体が担う事務権限を設定する。その際、人口30万人程度の基礎的自治体については、現在の政令市と同等レベルの事務権限を設定できるようにする。○基礎的自治体が担うことを期待される事務事業を規模の面などから担えない場合には、広域連合制度を活用するなどして、近隣基礎的自治体もしくは都道府県が当該事務事業を担うこととする。」としていました。

この改革案を一読し、その慎重さを欠き現実感覚が希薄な構想に強い危惧を感じ、次のような「本当に『3００基礎的自治体』を目指すのか」を書きました。

❖本当に「300基礎的自治体」を目指すのか

民主党分権調査会は、2009（平成21）年4月22日、「霞が関の解体・再編と地域主権の確立（案）」を公表した。党の代表は代わったが、来る衆院選での政権公約の一部になるものと思われる。「霞が関に支配され続けていた自治体は、地域のことを地域で決める主権を回復する」のだそうだが、こんな「主権」の用法があるのだろうか。主権は「国民」にあり、国土の一部である地域の住民にあろうはずがない。連邦制を目指すというのであろうか。

この案では、政権獲得後3年目までに基礎的自治体のあり方の制度設計を進め、「自治体の自主性を尊重しつつ、第2次平成の合併等を推進することにより、現在の市町村を当面700〜800程度に集約し、基礎的自治体の能力の拡大に努める」とし、「合併等により集約をする市町村に対して一定期間、一括交付金の算定で優遇措置を講ずる」としている。最終的には国と300程度の基礎的自治体による新たなる「国のかたち」を目指す、のだそうだ。

政権交代がなければ、この案は画餅になるが、もしも民主党が衆議院でも多数派を形成するようなことになれば、当面、「平成の合併」が終わらない。更なる合併による「基礎的自治体の能力の拡大」とは、すでに市の数が約780であるから、1000弱の町村の解消ということになる。民主党は最も反町村的な政党ということになる。しかも、一括交付金の上乗せで合併を促すのだそうだが、金では釣られない誇り高い町村をどうする気だろうか。一定規模の市になるよう編入合併を強制しなければ、700〜800にはならない。

しかも、将来は、都道府県も廃止し、300程度の基礎自治体を整備するのだそうだが、本当に1400以上の市町村を再編・統合して、人口30万以上の市へと全国を編成できると考えているのであろうか。「第2次平成の合併」といい、都道府県の廃止といい、新たなる「国のかたち」といい、その拙劣さに思わずため息が出る。

町村週報第2682号　2009（平成21）年6月8日

② 民主党政権と町村の将来

2009年5月11日、小沢氏は、西松建設疑惑関連で公設秘書が逮捕され、民主党代表を辞任し、後継を決める代表選挙では鳩山由紀夫氏が選出された。この交代によって、分権調査会は、「現在の市町村を当面700～800程度に集約し」とか「全国を最終的には300程度の基礎的自治体にする」といった数値目標を削除し、より穏当な案に修正した。

この論点を再整理する形で書いたのが「新政権と町村の将来」でした。

❖新政権と町村の将来

2009年夏の総選挙の結果は、日本政治史に画期をなすことになった。マニフェスト選挙が行われ、自民党が大敗を喫し、過半数を制した民主党が、社民党・国民新党と組んで新政権を誕生させたからである。

政権交代がほとんど世情不安を伴わずに実現したことは、わが国における民主制の成熟化をうかがわせるものといえるかもしれない。これに伴い政策と制度に、中止・廃止・凍結を含む「変化」が起こり、政権交代を印象づけているが、人びとの間に戸惑い・反発・心配も生じている。

マニフェスト選挙

マニフェスト選挙であった結果、政権党に気負いが目立つのはある程度しかたがない。マニフェストで国民に約束した政策の実現に与党とその内閣が頑張るのは当然である。政治主導を掲げる新内閣のある大臣が、「民主党のマニフェストは、国民からの命令書だと思ってもらいたい」と官僚に訓示したが、これは、マニフェストへの、したがって民主党政権への忠誠を求めたものといえる。

しかし、これは、マニフェストが絶対視されやすいことも示唆している。総選挙で民主党を支持した国民は圧倒的多数ではなかった。民主党の得票率は、小選挙区では47・4%、比例区では42・4%であった。それでも、480議席のうち308も獲得したのは、小選挙区制を中心とした選挙区制度が効いているからである。議席数119の自民党の得票率は、それぞれ、38・6%、26・7%であった。民主党は、他の候補者・政党にも投票した「国民」が少なくなかったことを忘れてはならず、「変化」に関する粘り強い説得によって国民統合の責任を果たしていく必要がある。

自民党の敗北と道州制

2009年総選挙向けの自民党マニフェストは、「新しい国のかたちである道州制の導入に向け、内閣に『検討機関』を設置するとともに、道州制基本法を早期に制定し、基本法制定後6～8年を目途に導入する。」と約束していた。道州制導入は「新しい国のかたち」とされるほど重要な公約であった。自民党が、公明党と連立政権を維持できれば、当然、マニフェストの実現可能性は高まったが、政権を失ったことで、このマニフェストは画餅に帰した。

自民党道州制推進本部（２００８年10月10日再編）に名を連ねた議員のうち、本部長代行、本部長代理、事務総長をはじめ、ほとんどの副本部長や幹事が落選し、旗振り役と実質的な推進役が欠落状態になった。もちろん、こうした議員たちの落選に道州制推進がどの程度作用したかは定かではないが、道州制導入はひとまず頓挫したといってよい。経団連等は、相変わらず道州制導入が「究極の分権改革だ」と新政権に働きかけているが、無反省すぎるのではないか。

全国町村長大会は、２００８年11月26日、「強制合併につながる道州制には断固反対していく」と特別決議を行っている。これは、道州制の導入により、さらに合併を強制すれば、農山漁村の住民自治が衰退の一途をたどり、ひいては国の崩壊につながっていくことを強く危惧したからであった。私は、かねがね、「地域主権型道州制」とか「限りなく連邦制に近い道州制」といった制度構想は、わが国の地方自治の発展、なかんずく住民自治の充実・強化には結びつかないこと、道州は広域自治体にはなりえないこと、道州ということになれば、規模も実情も違う市町村を無理やりに再統合せざるを得なくなることを強調してきた。

民主党の「地域主権」の意味合い

選挙戦で民主党は、「地域主権」は基礎的自治体中心の考え方であり、「広域自治体については、当分の間、都道府県の枠組みを基本とするが、都道府県等による広域連合や合併の実施、将来的な道州の導入も検討する。ただし、広域自治体のあり方については地域の判断を尊重し、国が地方に強制することは考えていない」としていた。

民主党のいう「地域主権」とは、「霞が関に支配され続けていた自治体が、地域のことを地域で決める主権を回復する」こととされている。これは、「官僚支配の中央集権システム」への対抗概念であり、基礎的自治体を重視する「国のかたち」をイメージしたものと思われる。ただし、「地域主権」を文字通りにとれば、国土の一部を定めて、そこに主権を付与することになるから、それは現行の単一主権制の変更と連邦制への移行を意味する。現憲法下では、主権が市町村民とか都道府県民にもあるはずなく、日本国民にある。国民主権は「正当に選挙された国会における代表者を通じて」行使される。だから、軽々に、「地域主権」などというべきでない。

「地域主権」を、都道府県を廃止し、わが国を9～13の区域に再編して、そこに「道州」を設置する根拠として使おうとするならば、それは明らかに行き過ぎである。住民自治の充実、近接性、補完性、事務・権限・財源の連結性という4原則を基本とする分権改革を徹底していけば、わが国は、単一主権制下でも世界でも突出した分権国家になれるからである。「地域主権」の意味合いを、これにとどめるならば、民主党政権下で分権改革の着実な前進に期待が持てるだろう。

基礎的自治体重視の政策へ

民主党は、選挙戦で、「権限の移譲に並行する形で基礎的自治体の規模や能力の拡大を進めていく」が、

「合併については自治体の自主性、多様性を尊重し、強制的な合併は行わない」と約束している。「住民に身近な自治体が、霞が関に縛られず、住民のニーズに合った行政サービスを提供できるようにする」ことは正しい方途である。そのために、「国が使い道を限定する『ひもつき補助金』を廃止し、地方が基本的に自由に使える『一括交付金』に改める」ことも、「法律や政省令による義務付け・枠付けを縮小し、自治体が住民の視点に密着した形で事務事業の基準等を決められるようにする」ことも、「国と地方の協議を法制化」し、国と地方の関係を「『上下・主従の関係』から『対等・協力の関係』に改め」ることも適切な分権改革方策である。

基礎的自治体については、「その能力や規模に応じて、生活に関わる行政サービスをはじめ、対応可能なすべての事務事業の権限と財源を、国および都道府県から大幅に移譲します」と、事務権限移譲の推進を強調している。ただし、「小規模な基礎的自治体が対応しきれない事務事業については、近隣の基礎的自治体が共同で担う仕組みをつくるか、都道府県が担うこととします」としている。この点は、第29次地方制度調査会の答申との関係で重要である。

これまで、一定の行財政基盤を有し、法令で義務付けられた事務事業を完結的に処理できる「総合行政主体」(＝基礎自治体)を想定し、それに合致しない市町村は合併すべきだということで「合併推進運動」が展開されてきたが、これに一区切りがつけられることとなった。地方制度調査会の答申は、小規模市町村における事務執行の確保のための方策について、「市町村合併による行財政基盤の強化のほか、共同処理方式による周辺市町村間での広域連携や都道府県による補完などの多様な選択肢を用意した上で、それぞれの市町村がこれらの中から最も適した仕組みを自ら選択できるようにすべきである」とした。

1999年以降の市町村合併の強力推進は、共同処理方式による広域連携を断念し、合併一本やりになったことに特色があった。それが修正された。「平成の大合併」とは一体何であったのか、改めて検証が必要である。

小規模市町村の扱い

「規模や能力の拡大」が容易でない小規模市町村の今後を新政権がどう扱うかは、そこが農山漁村地域だけに、国政の基本にかかわる重要性をもっている。問題は、民主党のいう「都道府県が担うこと」、答申がいう「都道府県による補完」が、どういう意味で、どういう制度構想になるかである。全国町村会は、答申を受けて、「町村の現状とその事務執行の確保方策に関するアンケート」を全町村対象に実施中である。この結果を基礎にして、今後のあり方について、国等、関係者との「意見調整」を図っていくものと思われる。

小規模市町村の扱いを含め地方自治制度とその運用をめぐる改革課題は、原口一博「地域主権推進」担当大臣の下に置かれる「地域主権戦略局」が担当することになろうが、その中心は元北海道ニセコ町長の逢坂誠二議員である。政治主導で分権改革を断行する司令塔として、真に地方自治の発展に結び付くよう、どこの地域に暮らしていても勇気と希望がもたらされる改革を進めてほしい。

「地方の再生」へ展望

町村の立場から、民主党マニフェストが「地方の再生」を強調し、「自公政権は地方の財政を急激に圧縮したうえに、地方の景気低迷に対して何ら有効な対策を講じなかったため、地方を疲弊させました。昨年来の景気後退は地方経済をさらに危機的状況に追い込んでいます。地方の自由度を大幅に高めるとともに地方が自由に使える財源を確保することで、地方が主体の地方再生等を支援します」と約束しているのは心強い。来年3月末に期限が切れる「過疎法」に代わる新法を超党派の議員立法で成立させることも「地方の再生」のために不可欠である。

「小規模町村の場合は仕事と責任を小さくし、都道府県などが肩代わり」とした2001年の「骨太の方針　第1弾」には、ひっそりと、「地方の活性化のために都市と農山漁村の共生と対流、観光交流、おいしい水、きれいな空気に囲まれた豊かな生活空間の確保を通じ『美しい日本』の維持、創造を図ることが重要である」という一文が書き込まれていた。「都市と農山漁村の共生と対流」は新政権も継承してよい地域政策の基本である。そして、厳しい現状にある農山漁村においてこそ、土地と暮らしのたたずまい・農林漁産物・自然エネルギー・支え合いが共鳴する地域の自活システムを作りだし、町村自治の力強さを示していきたいものである。

町村週報第2699号　2009（平成21）年11月16日　論説

6　3・11後に思う

民主党への政権交代に伴い政策と制度に中止・廃止・凍結を含む「変化」が起こりましたが、人びとの間に戸惑いや反発も生じました。鳩山由紀夫内閣から菅直人内閣に代わって行われた2010（平成22）年の参院選では、民主党は、2009（平成21）年総選挙で獲得した国民の支持をつなぎとめることに失敗し、いわゆる「ねじれ国会」が生まれ、政策運営に苦慮することになりました。

そうした中で3・11、東日本大震災が起きました。私は、3・11後に、続けて、次のような文章を書きました。

❖なんという地震災害

3月11日（金）午後2時過ぎ、三陸沖を中心に大地が震えた。国内観測史上最大のM9・0の「東北地方太平洋沖地震」が発生した。南北に長さ500km、東西の幅200kmにわたり断層のずれが起こり、これにより地球の自転が速まったという。

人びとの恐れるものを順に、地震・雷・火事・親爺といってきた。今日では親爺の権威は影をひそめてしまったが、地震・雷・火事は「健在」である。天変地異は忘れたころにやって来るというが、わが国では地震は忘れる暇がない。1995年1月のM7・3の兵庫県南部地震、2000年10月のM7・3の鳥取県西部地震、2004年10月のM6・8の新潟県中越地震、2007年3月のM6・9の能登半島地震、2008年6月のM7・2の岩手・宮城内陸地震など。

東北地方太平洋沖地震では、大津波が次々と海岸を越え田畑・住宅街を襲った。その光景はテレビで見る者さえ震撼させた。なんという自然の猛威であろうか。恵みの海から走るようにやってきた大津波は、火災を呼びつつ、人間が営々築いてきた暮らしと地域をあっという間に破壊しつくした。地震もそれに伴う津波も自然現象（ナチュラル・ハザード）であるが、その結果・影響の災害（ナチュラル・ディザスター）が人間社会の脅威となる。地震で止まった福島の原子力発電所の冷却装置が機能麻痺に陥り、放射能被曝を避けるために地元の人びとが避難するといった深刻な事態も発生した。

引き起こされる地震災害を目の前にすると、そこには、あたかも大自然の「怒り」があるのではないかとさえ思える。大地よ、その怒りを鎮めてほしい、と祈るほかない。多くの人びとが亡くなられた。ご冥福を祈りたい。身内を失い、住まいを失い、避難を余儀なくされた被災地の方々に心よりお見舞いを申し上げたい。被災地には、私にとって、全国町村会の研究会の私たちにとって、かけがえのない友人・知人がいる。悲嘆と艱難《かんなん》の中から平穏な暮らしに復帰できる日が一日も早く来てほしいと思う。激甚災害から懸命に立ち上がろうとしている現地の人びとの辛抱強さをみんなで応援したい。

町村週報第2754号　2011（平成23）年3月28日　同月13日記

❖「原災」市町村の住民減少を食い止めたい

市町村の区域内に住所を有する者は当該市町村の住民とされている。市町村は、その住民につき、住民たる地位に関する正確な記録を常に整備しておかなければならず、そのために住民基本台帳を管理している。住民たる地位は住民基本台帳への登載が決め手である。住民たる地位で大切なのは、代表機関である首長と議員の選挙権を持ち、法人としての当該町村に納税する義務を負っていることである。ある市町村から別の市町村に転居すれば、転出入届を出さなければならないことになっている。

普段なら何でもないこの住民基本台帳の管理に悩ましい問題が起こっている。それは、東日本大震災に伴い東京電力福島第一原子力発電所の事故（原災）により、そこから半径20㎞以内の富岡町、双葉町、大熊町の全域、浪江町、川内村、楢葉町、葛尾村、田村市、南相馬市の一部が「警戒区域」（立入り禁止）に、葛尾村と浪江町の20㎞圏内を除く全域と飯舘村全域、川俣町と南相馬市の一部が「計画的避難区域」（概ね1か月を目途に別の場所に計画的に避難）に、楢葉町と川内村の20㎞圏内を除く全域、広野町の全域、田村市と南相馬市の一部が「緊急時避難準備区域」（常に緊急的に屋内退避や自力での避難ができるようにする）に、それぞれ指定されたからである。特に役場機能とともに区域外に避難した住民は、相当の期間、これまでの住みかに戻れない可能性が高い。

もし、すべての住民が避難先に住民票を移せば、その市町村の税収はほぼ完全に失われる。住民が住民基本台帳上の登録を残すということは、当該自治体に納税する意思を持ち続けるということである。2000年9月から4年5か月全島避難した東京都三宅村の住民の前例もある。

このたびの転居は思いも寄らない故郷からの追い立てであって住民に責任はない。だから、転入届を強要すべきではない。他区域へ避難を余儀なくされた住民が、故郷の自治体を守る手段は住民票を移さないぞ、とひそかに決心をすることである。避難先の自治体に負担をかけることになるが、必要があれば事務委託等の特別措置をとってほしい。

客観的に居住している事実が1年間継続していれば、本人の主観的な希望に関係なく転入届を職権で記載できることを知りつつも、なんとか「原災」の市町村の住民減少を食い止めたい。

町村週報第2762号　2011（平成23）年6月6日

❖そこに人がいる地域へ

野田佳彦内閣で経済産業大臣に就任した鉢呂吉雄氏は、首相らと視察に訪れた東京電力福島第一原子力発電所の周辺市町村について、記者会見の席で「市街地は人っ子一人いない、まさに死のまちという形だった」と述べ、また記者に向かって「放射能をうつす」といった趣旨の発言をしたとも伝えられ、就任9日で辞任に追い込まれた。2011年5月、当時の細川律夫厚生労働大臣は、国会で、現地視察に関連して「本当に町全体が死の町のような印象をまず受けました」と発言している。同じように「死の町」と表現したが、両大臣の去就は違った。政治の世界では時と所が異なれば同じ言葉でも進退問題に発展する例であろう。

放射性物質の汚染地域から避難を余儀なくされた住民が、どれほどの難儀をし、将来へどれほど不安を抱いているか想像に余りある。今も田畑も森も川も現にある。しかし、今はそこに人が住めない。農地や牧草地は荒れ始めている。世に理不尽なことは少なくないが、これほどの理不尽はない。地域が地域でありうる必須の条件は土と水と人の共生である。土と水があっても、人が住んでいなければ、そこは地域とは言えない。人がいるとは、土と水の恵みを得て日常生活が、しかも共同の生活が成り立っていることを意味している。

色づいた木の葉を風が渡り、ススキが揺れ、トンボが舞い、鈴虫が鳴き、秋の匂いがあふれている地域なのに、そのいのちの気配を感得する人がそこに住めないでいる。作家の五木寛之氏によれば、中国から渡ってきて、日本では平安時代の中期に使われ始め、戦後の敗戦を機に使われなくなった言葉に「暗愁《あんしゅう》」があるという。それは、何処よりともしれず、えもいわれぬ、ずっしりと重い心のわだかまり、深い憂いだという。大震災は天災であり、その艱難に「暗愁」を感じたとしても無理からぬところがあろう。しかし、人災である原発事故に伴う避難は「暗愁」というには尽きない。心が怒りと不安で一杯になっている状態（「暗然」）という他ないだろう。原発被災地を、いのちの気配を当たり前のように感じられる平穏な日常生活のできる場所に一日も早く回復させる、その責任を東京電力と国は完遂すべきである。

町村週報第２７７７号　２０１１（平成23）年10月24日

❖平成23年全国町村長大会に寄せて―３・11後に思う

平穏な日常生活の大切さ

私たちは、朝・昼・晩と、普段の生活を繰り返して生きています。普通は、この日常生活は、退屈で、味気なく、心ときめかない、当たり前の日々の連続です。そのためには忍耐が必要ですが、それと引き換えに平穏を享受してもいるのです。しかし、日常生活が途切れて普段と大きくかけ離れた暮らしを余儀なくされてみれば、日常生活がどんなに大切か、いかに心安んずるものか、しみじみと感得することになります。不慮の事故に遭い、思いもかけない病気にかかるなど、平穏な日常生活がふいに中断されることがあります。なかでも、人びとの日常生活を一瞬にして中断させるものに天変地異があります。3・11の巨大地震と大津波は東日本に途轍もない災害をもたらしました。あろうことか、福島第一原子力発電所の事故も起こりました。原発の「絶対安全神話」は消し飛びました。

被災現場からの避難は、それまでの日常生活の中断であり、平穏は失われます。避難所、仮設住宅、本居へと少しずつ日常性が回復されていくでしょうが、人びとは、震災前へ戻れないことは知っています。しかし、つつましくも衣食住に不安のない普段の生活を取り戻したいと切望しています。その日が1日も早く来ることこそが震災復興ではないかと考え、そのように応援したいと思います。

被災地での分かち合い

3・11に関する海外報道では、この災害時に、社会的秩序を保って互いに助け合う日本人の姿を称賛するものが目立ちました。例えば、ロシア・タス通信の東京支局長は「日本には最も困難な試練に立ち向かうことを可能にする『人間の連帯』が今も存在している」と称賛し、「ほかの国ならこうした状況下で簡単に起こり得る混乱や暴力、略奪などの報道がいまだに一件もない」と語り、英国紙『インディペンデント・オン・サンデー』は、1面トップで日の丸の赤い円の中に「がんばれ、日本。がんばれ、東北。」と日本語で大見出しを掲げ、「日本は津波の被害から立ち上がろうと闘っている」と報じました。

もちろん、被災地では閉店中の店舗から品物を盗む出店荒らしや空き巣や停車中の車からガソリンを抜き取るといった非侵入窃盗もありましたから、海外からの称賛は、少し割り引いて受け取らなければならないかもしれません。しかし、地震と津波から命をながらえ、避難所に集まった人びとの間では不足しがちな物資を分かち合う行動が起こったことは事実ですし、略奪の騒ぎは起きませんでした。困っているときは「お互い様」の言動が自然と出てきました。それは、他人への気遣いと労わりの文化がしっかり受け継がれていることを確信させます。

普段は、ある物が少なくて、それをほしいと思う人が多ければ、その物の値打ちは高まると考えられています。希少であるがゆえに、その獲得をめぐり競争や争いが起こり、才覚と力で勝るものがより多くを確保するものだと考えられがちです。しかし、被災の悲しみと苦しみを共感する人びとの間では、これとは違う価値観が台頭したように思います。ある物が少ないがゆえに、それを少しでもみんなで分け合う時、その物の価値は高まるという考え方です。象徴的にいえば、1つのおにぎりを1人占めしないで、そこに寄り添う何人かで分けて食べようとするとき、そのおにぎりに本当の価値が生まれるともいえます。分かち合いを当たり前とする考え方が希少な物の価値を決めることがあるのだ、ということが明らかになりました。

もうひとつ、「お互い様」の行動は、イザという時に頼りにならなくてどうするのかと不眠不休で奮闘している被災地の自治体を、他の自治体が傍観せず、自ら応援を買って出て、物資と励ましを届け続けていることに見てとることができます。これこそが自治体が横に結びつく自治体間連携の実践であり、これを通して、自治体の間はゼロサムの競争関係にあるのではなく、苦難を共有しようとする自立支援の関係にあることが分かります。被災からの立ち直りを通して自治体の存在理由と自治体連携の大切さが、ますます鮮明になっていくだろうと思います。

今回の被災体験は自治体間の絆を確認し持続し強めていこうとする大きな契機になっていると思います。普段はあまりその意義が感じ取れない姉妹都市の関係が災害時にいかに「ありがたい」ものであるか判明していますし、農山村と都市の交流事業がいかに「助け合い」の基盤になるのかも明らかになっています。いままで、ともすれば、国―都道府県―市町村を縦の上下関係で見る考え方が強かったのですが、まず市町村が横につながる水平関係が、それも普段からの付き合いこそが重要なのだと思います。

問い直される自然観

東日本大震災の特徴は、例えば1995年の阪神・淡路大震災と比べると、被害の大半が津波と原発事故に由来し、被災地域が広域にわたっており、しかも、そこには多数の中小都市及び農山漁村が包含されていることではないかと思います。被災した三陸海岸を訪れてすぐ気がつくことは、高さ15・5m、東北一の防潮堤と水門が大津波から普代村を救った例はありましたが、津波来襲時に人命を守る最後の砦である人工物としての防潮堤が各所で破壊され、破壊されなかった防潮堤も津波が乗り越えてしまい、三陸海岸では点在する漁村の多くが壊滅的な被害を受けたことです。自然の猛威の前には、残念ながら、この巨大な人工物は役に立ちませんでした。

津波の直撃を受け壊滅的な被害を受けた陸前高田市の女性が、テレビで「みんな、もう海辺には住まないって。海なんかいらないと」と声をふるわせていました。これを観た私は、恵みをもたらしてきた三陸の海が恨みと拒否の対象になっていることに「暗愁」の思いを禁じ得ませんでした。「暗愁」というのは、第2次大戦後死語となってしまったといわれる言葉なのですが、「ずっしりと重い心のわだかまり、深い憂い」のことです。三陸海岸の人びとが、失った人とものへの深い悲しみを抱きつつも、「海は大事だ、海と共に生きていこう」という覚悟がよみがえる日が来ることを願わずにはおれません。そこに職住近接の地域社会があったからです。

考えてみれば、18世紀の後半に産業革命を開始して以降、人間は、人間と自然との関係について、人間は自然（人間以外のもの）を征服し統制する力をもっている、もつべく使命づけられているという考え方を基本としてきました。人びとの暮らしをより便利で快適にする物づくりを行ってきましたが、それを可能にしてきたのは物質・エネルギー・情報という三つについての技術革新でした。中でも、電気は、大量に制御可能になった最初の「準人工エネルギー」ですが、今日では電気抜きの生活など考えられないほど不可欠なものになりました。日進月歩で進化している情報処理の装置も電気を利用しています。

ついに人間は電気の生産に原子力発電を持ち込みました。原子力発電は燃料のウランを連続的に核分裂させ、そのとき発生する熱で蒸気をつくり、タービンを回して発電する装置ですが、この過程で発生する放射性物質を安全に管理できることが前提になっています。頑丈な炉と人間の感覚に頼らない情報処理技術で守られていることになっています。日本の原子力発電所も、そう言われてきました。

しかし、今回の原発事故によって、原子力は電力として使うのには無理なエネルギーではないかということが明白になったのではないでしょうか。大地震と大津波は自然現象ですから防ぎようがありません。

しかし、原子力発電をやめることはできます。自然を完全に制御しようとする考え方自体に無理があるからではないでしょうか。原発事故と放射性物質の飛散は、ある意味で、「人間は自然を征服し統制する力をもっている」という考え方を基礎にした産業文明のほころびが明白になったことを意味しているように思えてなりません。

自然と共に―稲作文化を守る

岩手が生んだ詩人・童話作家の宮沢賢治には、有名な「雨ニモマケズ」があります。賢治が生まれる約2か月前に「三陸地震津波」が、また、誕生から5日目には秋田県東部を震源とする「陸羽地震」が発生していますが、この「雨ニモマケズ」には、雨も風も雪も夏の暑さも出てきますが、不思議なことに地震も津波も出てこないのです。

日本列島は、繰り返し、地震と台風と津波に襲われてきました。「地震・雷・火事・親爺」というように、怖いものの筆頭は「地震」なのです。地震は日本列島の本質的な特色ですから、それを制御することはできません。この一点で、産業文明の基礎になっている自然観は日本列島には当てはまりません。それに伴う災害をいかに少なくするかを工夫する以外にはないのです。

自然現象は、ときに、私たちの平穏な日常生活を中断し、いのちと生活基盤を破壊します。しかし、自然は、豊かな恵みももたらしてくれます。山の幸、里地の幸、海の幸です。「雨ニモマケズ」には、「1日に玄米4合と　味噌と少しの野菜を食べ　あらゆることを自分を勘定に入れずに　よく見聞きし分かり」とあります。非常時であればなおさらのこと、日本人が長年食べてきたものが一番身体に合い、元気になれます。

ご飯と味噌汁です。

米は、他の穀類に比べ再生産能力が高く（1粒の米から大体1000～2000粒の収穫があり、麦の5～20倍といわれる）、完全栄養食品です。しかも同じ所で毎年採れます。稲を植え、水を張って流れるようにしておけば、ほぼ必要な養分が摂れるとされています。山に降った雨水が落ち葉などの栄養分を含み湧水となって水田を潤すからです。水と山と土の大循環が稲作を可能にしています。司馬遼太郎さんは、『この国のかたち』という本の中で、『この国のかたち』の1番の基本はやはり稲作でしょう、水と土、この水っぽい風土と、生産力の高い稲。この風土が日本の国家の原型を作った」と書いています。この日本列島で人が生きるとは、基本的には、土と水の恵みを得て日常生活を、しかも共同の生活を営んでいることを意味しているはずです。人口の都市集中と都市型生活様式の普及の中で、日本人は外国産の農産物に依存する度合いを高めています。

東京生まれの東京育ちの私ですが、意地になって、「早寝・早起き・朝ご飯」を唱え、3度の食事は米の飯、酒は日本酒か米の焼酎、パンは米粉パンでがんばりたいと思います。農業に従事しない人間が農業を応援できる基本は米の消費だと確信しています。

ですから、自然と対抗する産業文明に固執し、効率主義の経済成長を強調する学者・経済人・政治家とは違って、私は、農林水産業のさらなる衰退をもたらし、自然と人、人と人の共生と絆を弱めていくようなTPPへの参加には反対です。まして、大災害のドサクサにまぎれて、被災地の東北地方に道州制の導入を働きかけるような国の政治家には怒りを覚えます。大災害による危機に乗じて、国の役割を極端に限定し、分権など名ばかりの規制緩和と市場化を図り、地道な地域の人びとの自治の営みを押し流そうとしていくからです。人びとの真の願いとは別の動機で震災復興をねじ曲げようとする動きには警戒が必要です。

町村週報第2781号　2011（平成23）年11月28日　論説

❖新年の事触れ―小さいことは、いいことである

太陽の恵み

日本時間2013年11月29日早朝、アイソン彗星が太陽に最接近したところで突然消えてしまい、観測できることを待ちわびていたファンをがっかりさせた。太陽の熱や重力に耐えられず急激に蒸発・崩壊したのではないかと推測されている。太陽自体は連続的に核分裂を起こし生命と無縁の超高温の世界である。およそ生命活動を一切許さないものを「絶対悪」と呼べば、太陽自体は「絶対悪」といえなくもない。

広島へ原爆投下から68年目を迎えた2013年8月6日、被爆二世の松井一実・広島市長は、平和宣言の中で「無差別に罪もない多くの市民の命を奪い、人々の人生をも一変させ、また、終生にわたり心身を苛み続ける原爆は、非人道兵器の極みであり、『絶対悪』です。」と言い切った。

それでは原子力発電はどうか。それは太陽で起こっている核反応と同じ本質の核分裂の過程を直接エネルギー源に据えているから、原子炉は「小さな太陽」であるといえる。これをわが国も安全に制御・管理できると思い導入した。東京電力福島第一原子力発電所の事故で、その安全神話が消し飛び、多くの住民が故郷を追われ「帰還困難」が続いている。「太陽」を生命圏に引き寄せてはならないのである。核分裂

エネルギーへの依存を見直す以外にないのではないか。

太陽はまぶしい。地球から太陽までの平均距離は約1億5千万㎞といわれるが、放射されてくるその光があまりにも強く肉眼で直視できない。しかし、地球上の生物は、太陽から放射されてくる光と熱の恩恵を受け生命を紡ぎ続けている。植物の葉の葉緑体の中では光のエネルギーを受けて二酸化炭素と水からデンプンなどの有機物と酸素を合成している。この光合成のおかげで地球上の多くの生物が生存してきた。学ぶべきは光合成の技である。太陽は遥か遠くにあることによってのみ恵みをもたらしてくれる。だからこそ「ありがたい」存在なのである。

「災間」の時代を生きる

もう60年も前になるが、菊田一夫原作のＮＨＫ連続ラジオドラマ「君の名は」が大人気を博していた。この番組は、ハモンドオルガンの演奏が流れる中、来宮良子さんが朗読する「忘却とは忘れ去ることなり。忘れ得ずして忘却を誓う心の悲しさよ」で始まる。主人公の春樹と真知子が、互いに愛し合いながら、すれ違ってなかなか会えない。忘れることができるならどんなに心が軽くなるだろう、けれども忘れられない、その切ない心情を詠っていた。

われわれは日々の営みの中で多くのことを経験するが、関心の薄いものは忘れやすく、記憶は時間とともに減少し、やがて忘却の彼方へ押しやられてしまう。人は多くのことを忘れるから今日と明日を生きられるともいえる。自分に不都合なことは忘れ去ってしまいたいかもしれない。しかし、忘れたと思っていても忘れられない出来事もある。忘れて生きていこうとしても心塞ぐ思いに苛まれることもある。忘れてはならないと自分に言い聞かそうとすることもある。

日本は未曽有の東日本大震災を体験したが、だれもが、首都直下型か南海トラフか分からないが、巨大な地震が避けがたくやってくるに違いないと思っている。大地震を想定せずに生きられない。仁平典宏・法政大学教授は、それを「災後」でなく「災間」の時代と呼んでいる。この日本列島では自然災害が避けがたくやってくることを前提にしてしか生きられないならば、決して災害体験を忘れることなく、そこから多くのことを学び備えなければならないはずである。

海で囲まれている日本列島では津波への備えは必須である。被災地の海岸線を再び巨費を投じてコンクリート防潮堤で張り巡らそうとする復興施策が始まっているが、選択肢はそれだけではないだろう。植物生態学者の宮脇昭・横浜国立大学名誉教授は、被災がれきを活用した盛り土に多様な樹木を植えて「森の防潮堤」を築く構想を提唱し、被災地の自治体、NPO、住民、支援企業などと一緒に「いのちを守る森の防潮堤プロジェクト」を推進している。この施策は、危険物を取り除いた被災がれきを土と混ぜて埋める、その上に、ほっこらと盛り土をしてマウンド（植樹地）を築く、土地本来の潜在自然植生を構成する主木を中心に、深根性、直根性の常緑広葉樹（高木、亜高木、低木も）ポット苗を多種多様に混植、密植する、15〜20年の短期間で多層群落の自然林に近い樹林に生長し、最終的には樹冠の高さ20〜25m以上の豊かで堅牢な森の防潮林が完成するという。地中深く根を張った森が緑の壁となり、波砕効果によって津波の力を減殺し、また、引き潮による被害も軽減できるという。こうしたほうが、海と共に生きる人びとの命の尊さと絆の大切さを語り継いでいくことができるように思うが、どうであろうか。

小さいことは、いいことだ

この国でも、多くの人びとは経済成長と規模の拡大は不可分の関係にあると信じている。「大きいことは、いいことだ」という信奉である。合併によって自治体の規模を拡大しようとしてきた。それによって市町村の間に指定都市・中核市・特例市・一般市・町村人口規模による序列化が生じた。本格的な人口減少社会に向かって、ただでさえ人口規模の小さい町村は「限界自治体化」するのではないかという暗い予想もある。しかし、小さいことは、われわれの暮らしにとって、そんなにマイナス要因なのであろうか。

『スモール　イズ　ビューティフル』（1973年）で評判となったイギリスの経済学者E・F・シューマッハは、1977年に『スモール　イズ　ビューティフル再論』（酒井懋訳講談社学術新書、2000年）を著し、その冒頭で、「小さいことの素晴らしさ」について述べ、エネルギー消費の「適正」基準の第一は「小規模」だと主張している。「『大きければ大きいほどよい』という考えを意図的に捨て去り、物事には適正な限度というものがあり、それを上下に越えると誤りに陥ることを理解しなくてはならない。小さいことの素晴らしさは、人間のスケールの素晴らしさと定義できよう。」と述べている。

このシューマッハの師であるオーストリアの経済学者・法学者のレオポルド・コールは、すでに1950年代のはじめ、「あらゆる社会的な災いの背後にはただひとつの言葉が見える。巨大さだ。」と喝破し、モノが大き過ぎることが問題だとした。小さな組織や小さな都市、そして小さい国家が、巨大なそれよりもいかに効率的で、愛に満ち、創造的で安定しているか論じ、身の丈の規模の大切さを説いた。小さいことがいいことで、美しいというのである（『居酒屋社会の経済学〜スモール・イズ・ビューティフルの実現をめざして〜』藤原新一郎訳、ダイヤモンド社、1980年）。

小田切徳美・明治大学教授（農政学・農村政策学）は、本誌２８６０号の「経済成長路線と農山漁村―内発的地域づくりの好循環を目指して」の中で、「いま、農山漁村に必要なことは、こうした成長路線でも大再編路線でもなく、内発的地域づくりの確信・覚悟からはじまる好循環を、静かな環境で着実に育てて行くことではないだろうか。だからこそ、『スモール　イズ　ビューティフル』のシューマッハとともに思う。"The party's over."（宴は終わった）（シューマッハ『宴のあとの経済学』ちくま学芸文庫、２０１１年）。すべてはそこから始まる。」と指摘している。

米国の弁護士・経済学者・マイケル・シューマンは、『スモールマート革命―持続可能な地域経済活性化への挑戦』（毛受敏浩監訳、明石書店、２０１３年）の中で、最も経済的に貢献度の高い企業は、地域に根差した小規模ビジネスを展開する会社であり、「大きければ大きいほど、激しく倒れる」という。徳島県上勝町長の笠松和市氏は佐藤由美氏と共著で『持続可能なまちは、小さく、美しい』（学芸出版社、２００８年）を刊行し、構想力・人間力・環境力・自然力・再生力を持つ地域は小さくとも持続可能であることを解き明かした。

人びとの営みが小さいこと、小規模であることに思想的、実践的な根拠と意義があることは明らかである。巨大信奉とその帰結こそを正面から問い直すべきではないか。

農村漁村の「生業《なりわい》」の可能性

増田寛也・元岩手県知事・元総務大臣は人口減少問題研究会と共同で「２０４０年、地方消滅。『極点社会』が到来する」という論文を発表した（『中央公論』２０１３年12月号）。その中で「地方が消滅する時代がやってくる。人口減少の大波は、まず地方の小規模自治体を襲い、その後、地方全体に急速に広がり、最後は凄まじい勢いで都市部をも飲み込んでいく。」と人口減少の暗澹たる末路を指摘している。地方から若者たちが大都市に流出していったが、その若者たちは子供を産み育てる余裕がない。このままでは「本来、田舎で子育てすべき人たちを吸い寄せて地方を消滅させるだけでなく、集まった人たちに子どもを産ませず、結果的に国全体の人口をひたすら減少させていく。」とし、これを「人口のブラックホール現象」と名づけている。これに対して、「防衛し、反転を仕掛けるための最後の拠点、『踏ん張り所』として、広域ブロック単位の地方中核都市に資源と政策を集中的に投入する」ことを提案している。

生産年齢人口が確実に減り、経済力が落ちていくことを不可避と観念すれば、「縮小」や「撤退」が強調されやすい。しかし、それ以外の選択肢はないだろうか。藻谷浩介／NHK広島取材班は、『里山資本主義―日本経済は「安心の原理」で動く』(角川書店、2013年)を著し、里山資本主義を「お金の循環がすべてを解決するという前提で構築された『マネー資本主義』の経済システムの横に、こっそりと、お金に依存しないサブシステムを再構築しておこうという考え方だ。お金が乏しくなっても水と食料と燃料が手に入り続ける仕組み、いわば安心安全のネットワークを、予め用意しておこうという実践だ。」と定義している。そして、「マネー資本主義の下では条件不利と見なされてきた過疎地域にこそ、つまり人口当たりの自然エネルギー量が大きく、前近代からの資産が不稼働のまま残されている地域にこそ、大きな可能性がある。」という。休眠資産を再利用することで原価0円から経済再生、コミュニティ復活を果たすことができ、これによって「安全保障と地域経済の自立をもたらし、不安・不満・不信のスパイラルを超えることができる。」というのである。

おそらく里山なんか経済的に価値がないから住む人がいなくなっていると思っている人が多いだろうが、実はそうではない。里山にはいまでも、人間が生きていくのに必要な資本があり、それはお金に換算できない大切な生活の価値なのである。

大自然の恵みを享受できる農山漁村地域で成り立つ「生業」には大都市とは一味も二味も違うもう一つの暮らし方がある。人材・資源・情報・カネを地域で循環させる独自の生き方がある。都市と農山漁村の人間の流れを交流から対流へ転回させるためには、人工物で固められた大都市に暮らす若者たちに向かって、田舎で暮らす人びとが、田舎暮らしの中に倖せがある、「ほらここにある」と確言できなければならないのではないか。小さいことは、いいことであり、田舎暮らしにこそ日本の未来があると。そのようにがんばっている全国の町村には希望があるのだと。

和食がユネスコの「世界無形文化遺産」に登録された。多様な地域ごとにとれる四季折々の旬の食材を使い自然の美しさを表した盛り付けを舌だけでなく目でも味わう日本の食文化の素晴らしさとそれが栄養のバランスにも優れていることが認証された。これこそが「クール・ジャパン」である。私の究極メニューは、「ホッカホカのご飯、具沢山の薄塩の味噌汁、糠漬けのお新香」である。これに少量の魚かお肉がつけば御の字である。お酒は、日本酒に限る（と言いたい）。「麹」と「酵母」（2つとも生き物）を同時に働かせて酒を造る手法は世界に誇れる伝統技術である。ここにも自然の恵みがある。

町村週報第２８６４号　２０１４（平成26）年１月６日　論説

7　道州制推進基本法案と全国町村会

全国町村会は、道州制の導入が町村の存亡につながりかねないと考え、適宜、見解を発表するとともに、「道州制と町村に関する研究会」を設置し、道州制推進の動向や構想の内容に関し、調査研究を重ねてきています。

２００８（平成20）年11月、全国町村長大会は「これまで以上の市町村合併につながる道州制には断固反対する。」という特別決議を行っています。この特別決議は、道州制に関して、次の点を指摘しました。

道州制への漠然としたイメージや期待感が大きく先行しており、国民の感覚から遊離していること、国の財政再建や改革の手段として導入することは容認できないこと、現行の都道府県制度では何か不足なのか、導入の動機とされる課題やメリットの多くは、自由度や財政力が高まれば現行制度のままでも解決できるものが多いこと、道州制が導入されても、地域間の格差は解消されず、大都市圏へのインフラ整備・人口・企業・雇用・経済などのさらなる一極集中を招くこととなること、道州においても中心部と周辺部の地域間格差が拡がるだけでなく、道州政府と住民との距離もかえって遠くなること、道州制下の基礎自治体を一定の人口規模で括るとされているが、根拠なく単なる数合わせや枠組みでつくられた広大な面積となる基礎自治体が、真の自治の担い手になれるとは考えられないこと、一定規模以上にならなければ基礎自治体になり得ないとするのは、現存する町村と多様な自治のあり方を否定した強制合併を意味するものであり看過できないこと、道州制の導入によりさらに合併を強制すれば、農山漁村の住民自治は衰退の一途を辿り、ひいては国の崩壊につながっていくこと。

その上で、「国民が安心して暮らすことのできる国土の多様な姿に見合った多彩な基礎自治体の存在こそが地方自治本来の姿であり、この国の活力の源泉であることを忘れてはならない。」と主張しました。

2010（平成22）年12月1日に開催された全国町村長大会でも、2009（平成21）年の大会に次いで、「強制合併につながる道州制には断固反対」を採択し、各政党・政府へ要請活動を行っています。

私は、「道州制と町村に関する研究会」の座長として、また地方自治論者として、全国町村会の活動をお手伝いしてきました。道州制基本案に関しては、いろいろなところに書いてきましたが、以下、いくつかの論考を収録しました。

❖町村の存亡がかかる道州制基本法

総選挙が近づき、各政党は、選挙で有権者に問う政策を準備している。その中に、道州制基本法の制定が含まれている。2009年の参議院選挙でも、ほとんどの政党が道州制の実現を打ち出していた。2012年7月11日、自民党道州制推進本部・総会に提出された「道州制基本法案（骨子案）」は、次の衆議院選挙における自民党の選挙公約になるものと思われる。それは町村の存亡にかかわる内容を含んでいる。

自民党案に限らず、道州制案の基本的特色の一つは、市町村合併を前提条件としていることである。国の役割を著しく限定して、内政に関わる事務権限などを、廃止される現行の都道府県に代わって設置される「道州」へ移管し、都道府県が行っている事務事業を大幅に「基礎自治体」へ移す、とされている。「広域」と「基礎」という二層制によって地方自治を構成しようとしている点では現行と変わりはない。しかし、「道州」が、新たな広域の地方公共団体の名称であるのに対し、現行の基礎的な地方公共団体の名称である市町村とは言わず、「基礎自治体」と言っているのである。なぜか。

「道州」に包括される「基礎的な地方公共団体」を事務権限の新たな受け皿として整備するために、一定規模以下の市町村を再編・解消しようとしているからである。おそらく、人口30万以下の市町村は合併ということになるだろう。分権時代である。合併を強制できないだろうから、「平成の大合併」で使われたアメとムチの促進策を上回る工夫が何か考えられるのであろうか。

単独では事務権限の移譲を受けられない基礎自治体については、「道州」の出先機関による補完や近隣の「基礎自治体」による水平補完などの仕組みによって対応するといったことを言い出すだろう。「平成の大合併」の荒波を懸命に乗り切り、自治体としての存続を図ってきた誇り高い町村が、そのような扱いを甘受するとでも考えているのであろうか。町村の存亡にかかる「改革」の足音が大きくなっている。

町村週報第２８１４号　２０１２（平成24）年９月24日

❖新政権と道州制基本法案の提出

２０１２年暮れ、民主党の「壊滅的な惨敗」によって、また政権交代となった。復帰した自公政権の新藤義孝総務大臣は、道州制の特命担当大臣も兼ねる。新藤大臣は、就任の記者会見で、道州制の是非を問われ、「道州制そのものは、私自身も大きな方向として必要だと思っている。地方分権、効率化において、道州制による地域単位の適切な行政が行われるようになり、それを束ねた形で国全体がマクロ経済、外交防衛を見ていくという形が望ましい方向と思う」とし、「進め方として道州制基本法案は次の通常国会に提出する考えはあるのか」と問われ、「準備ができれば提出できるが、与党内の考えを踏まえてさらに議論を深めねばならない問題だ。準備が整えば法律を出したいことには変わりないが、時期は煮詰まり方によると思う」と語っている。

総選挙での自民党の政権公約は「道州制基本法を早期に制定し、その後、５年以内に道州制の導入を目指します」であったから、新大臣の発言は、ほぼこれに沿っている。その道州制基本法案は公明党との協議を経てまとめられたものである。

しかし、「準備が整えば」とは、与党内だけの話ではない。知事の中にも反対論者はいる。２０１２年全国町村長大会は「道州制の導入は絶対反対」を掲げ、特別決議では、「道州制は地方分権の名を借りた新たな集権体制を生み出すものであり、また、税源が豊かで社会基盤が整っている大都市圏へのさらなる集中を招き、地域間格差は一層拡大することが考えられる。道州における中心部と周縁部の格差も拡がり、道州と住民の距離が遠くなって、住民自治が埋没する懸念さえある」と指摘している。

小規模市町村の大合併を必ず伴う道州制の基本法案提出の前に必ず「国と地方の協議の場」*で、自治体側とじっくりと協議すべきである。それなしに最低限の「準備」も整わないし、提出時期が「煮詰まる」などということはあり得ない。

町村週報第2827号　2013（平成25）年1月28日

＊　三位一体改革のときに、地方六団体が国に代わって国庫補助負担金の廃止・削減案のとりまとめを行い、総理に提出した折、国と地方の協議を総理が約束し、実際に適宜行われることになったが、地方側が物は言うが、国側は聴きおく、というおざなりなものになってしまった。そこで、地方側が実効性を担保するため法制化を強く求め、2011（平成23）年4月28日に「国と地方の協議の場に関する法律」が成立した。地方自治に影響を及ぼす国の政策の企画及び立案並びに実施について国と地方が協議を行う場が設定された。

❖小規模市町村の存亡がかかる「道州制推進基本法案」

国会上程か

2012年9月5日、自民党道州制推進本部・総会に「道州制基本法案（骨子案）」が提出されたが、これは公明党との協議を経た上でまとめられたものであった。その後、この骨子案に前文が書き加えられ、また、法案名に「推進」が挿入され、これをもって推進本部は地方六団体等の聞き取りを行い、参院選の前に国会上程を試みようとした。しかし、全国町村会が、「道州制の導入で、更なる合併に追い込まれる懸念が払拭できない」と強く反発したこともあり、2013年6月6日に開かれた自民党道州制推進本部役員会（非公開）を開き、その修正版を作成している。この修正版は正式のものとはなっていないが、推進本部は、この案をもって再度地方六団体等を回る予定といわれた。結局、参院選への影響を懸念する自民党内の意見にも配慮して先送りとなった。自公両党は、議員立法により「道州制推進基本法案」を秋の臨時国会に提出する方針といわれている。実際に提出される法案の内容がどうなるか定かではないため、ここでは、6・6修正版の「道州制推進基本法案（骨子案）」（以下、基本法案）を取り上げることにする。

基本法案は、道州制の導入の在り方について具体的な検討に着手するため、その基本的方向及び手続とともに必要な法制の整備について定めるもので、具体的には、内閣総理大臣の諮問機関として内閣府に設置される「道州制国民会議」が制度設計を行うものとされている。基本法という法形式は、国会が、法律の形で、政府に対して、国政に関する一定の施策・方策の基準・大綱を明示して、これに沿った措置をとることを命ずるという性格・機能を有している。道州制の内容や必要性などについて国民の理解と支持が不十分であるにもかかわらず、むしろ、それゆえに、道州制推進基本法を成立させることにより道州制実現の突破口にしようとしているといえる。

なぜ都道府県を廃止し巨大な州を設置するのか、どうして国の役割を極力限定するのか、税財政制度はどうなるのか等、疑問は尽きないが、以下、紙幅が限られているため、「道州制」における市町村の扱いについてのみ検討したい。

「道州」と「基礎自治体」で構成される制度へ

基本法案では、『道州制』は、道州及び基礎自治体で構成される地方自治制度である」としている。これは、これまでの地方自治制度を、「道州と基礎自治体」というより規模の大きな「広域」と「基礎」という二層制へ転換するという意味である。「道州制」における「基礎自治体」は、「市町村の事務及び都道府県から移譲された事務を処理する基礎的な地方公共団体をいう」と定義され、「基礎自治体は、住民に身近な地方公共団体として、都道府県及び市町村の権限をおおむね併せ持ち、住民に直接関わる事務について自ら考え、かつ、自ら実践することができる主体とすること」とされている。

まず看過できないのは、市町村とは言わずに「基礎自治体」と言っている点である。「基礎自治体」は地方公共団体の名称ではないし法律用語でもない。現行では基礎的な地方公共団体は市町村である。「基礎自治体」といっているのは、これまでのような市・町・村という呼称上の区別をせず、基礎的な地方公共団体を一つの名称で表そうとしているのかもしれない。しかし、「基礎自治体」は、単なる呼称の問題ではなく、現行の市町村の合併・再編なしには成り立たないものと考えられているのである。

市町村合併を前提にした「道州制」

修正前の「道州制基本法案」では、「基礎自治体は、市町村の区域を基礎として」設置されるとか編成されるとされていた。この「基礎として」とはどういう意味か。現在、市町村は、町村、一般市、特例市（人口20万以上）、中核市（人口30万以上）、指定都市（人口50万以上、運用上は約70万）というように人口規模によって序列化されている。「市町村の区域を基礎とする」ということは、現行の市の中には、合併によってその区域を広げずに、道州内の「基礎自治体」になれるところが出てくる一方で、現在のままでは「基礎自治体」になれない市町村があり、それらは再編されるという意味である。

しかも、前文で「基礎自治体を、地方自治の主体として、住民に身近なことは全て自ら決定できる自己完結型の地方公共団体としていく必要がある」とされ、また、基本理念では「基礎自治体は、住民に身近な地方公共団体として、従来の都道府県及び市町村の権限をおおむね併せ持ち、住民に直接関わる事務について自ら考え、かつ、自ら実践することができる地域完結性を有する主体として構築すること」とされていた。さらに、道州制国民会議への諮問事項の一つとして「基礎自治体の名称、規模及び編成の在り方」が掲げられていた。

「自己完結型」とは、「基礎自治体」間で事務の共同処理や広域連携は不要であるという意味である。「住民に直接関わる事務について自ら考え、かつ、自ら実践することができる地域完結性を有する主体」にするということは、その要件を満たさない一定規模以下の市町村がすべて解消されるまで合併を続行するという論理に陥ってしまう。そんなことを続けることは無理であると判断されたから「平成の合併」は幕引きとなったはずであるが、またぞろ市町村の合併・再編となるわけである。

「道州制」のスタートまでに市町村合併を先行させることになるかどうかは定かではないが、いわゆる事務権限の受け皿を整備するということで必ず合併を進めることにならざるをえないといえる。どうしてそうなるのか。

基本法案では、国の仕事は国が本来果たすべき役割に極力限定するとし、それ以外の国の事務は「道州」に移管する、現在都道府県が行っている仕事の大部分は「基礎自治体」へ移管する、したがって、受け皿となりうるだけの規模・能力を備える「基礎自治体」が必要になる、という論法になっているからである。この事務権限のいわばドミノ倒し的な移譲が、合併による小規模市町村の解消に向かうことは必然なのである。

「地域完結性を有する主体」としての「基礎自治体」は、おそらく人口20万人以上の市（現在、指定都市が20、中核市が42、特例市が40、計102）になり、20万以下の市町村が「編成」（合併）のターゲットとなるだろう。これこそが、「道州」と対になる基礎的な地方公共団体が「市町村」ではなく、新たな「基礎自治体」とされていることの本当のねらいではないか。道州制は「究極的な小規模市町村つぶし」といわざるをえない。

小規模市町村を存置させるのか

全国町村会等から、「道州制」は明らかに現行の市町村の再編を意図しているのではないかという強い批判が出されたため、基本法案では、この「基礎自治体」に関連する箇所のうち、「道州制」が市町村合併を前提にしていると受け取られるような表現を削除している。「住民に身近なことは全て自ら決定できる自己完結型の地方公共団体としていく」を「基礎自治体は、住民に必須な行政サービスを持続可能な形で提供していく」に変え、「市町村の区域を基礎として設置され」や「地域完結性を有する主体として構築」や「市町村の区域を基礎として編成し」を削除するとともに、道州制国民会議への諮問事項の「基礎自治体の名称、規模及び編成の在り方」から「規模及び編成の在り方」を削除している。こうした変更・削除によって道州制の実現が市町村合併なしで進められるとは考えられないが、参院選前ということもあり、相当に気にしている様子がうかがえた。

もしこの修正の趣旨が「道州制」は市町村合併を前提にしないということであるならば、多様な規模の市町村が存在し続けることになるから、「道州制」は、巨大な広域的な地方公共団体としての「道州」と「基礎自治体」としての「市町村」とによって構成される地方自治制度となる。そうなれば、おそらく、実際には現行の都道府県という単位を残さざるを得なくなり、二層制は守れないだろう。修正は小規模市町村の反発を回避しようとする方便ではないだろうか。あるいは地方分権の名を借りて、道州区域内の市町村の合併・編成は各道州に任せることにするのであろうか。

「基礎自治体」は「都道府県及び市町村の権限をおおむね併せ持ち」としながら、現行の小規模市町村がその処理主体になれると考えているのであろうか。本音はやはり合併であろう。しかし、合併への反発が強く、とても強制的な合併とは言いにくいから、自主的な再編を促すということになるかもしれない。そうなれば、自主的に単独行を選択することもあるから、合併しない市町村は「基礎自治体」にはなれないことになる。

そういう市町村はどう扱われるか。おそらく、単独では権限移譲を受けられない基礎自治体については、道州の機関による補完や近隣の基礎自治体による水平補完などの仕組みによって対応するということになるだろう。小規模市町村は一人前の扱いを受けなくなるだろう。

２０１２（平成24）年11月の全国町村長大会は道州制に反対する特別決議を行い、道州制論議は、道州制による影響や具体的な制度設計を明らかにしないまま、あたかも今日の経済社会の閉塞感を打破しうるような変革の期待感だけを先行させたものであること、道州制は地方分権の名を借りた新たな集権体制を生み出すだけでなく、税源が豊かで社会基盤が整っている大都市圏へのさらなる集中を招き、道州間ならびに道州内の中心部と周縁部の格差が一層拡大すること、道州制導入によって地域の実態や住民の意向を顧みることなく市町村の再編を強いることになれば、農山漁村の自治は衰退の一途を辿り、ひいては国の崩壊につながることを指摘している。基本法案のゆくえに、全国の小規模市町村の存亡がかかっている。

群馬自治第338号　2013（平成25）年10月号

❖疑問の尽きない「道州制推進基本案」

2013年11月20日に開催された全国町村長大会は「『道州制基本法案』の国会提出と道州制の導入に断固として反対していく」という特別決議を行っている。同日、自民党道州制推進本部から従前の案に手を入れた「道州制推進基本法案（骨子案）」（日付は10月30日）が全国知事会経由で地方六団体に示された。

実は、全国町村会が2013年9月26日付けで自由民主党道州制推進本部に対し「道州制基本法案について」を提出し、文書による回答を求めたが、同年10月31日にその回答が届いた。その中では、基本法は「道州制の導入を必ずしも前提としないものであり」「道州制の在り方を検討するだけの法制」であること、「道州制の導入は、市町村合併を前提とするものではない」こと、「基礎自治体」には「現行の都道府県の事務のうち住民に身近な事務が移譲されるので、現行の市町村が所掌する事務とは異なることが想定される」が、「現行の市町村は、再編の有無にかかわらず、基礎自治体に全て移行するものと想定」としていること、「基礎自治体の事務の補完の仕組みが必要」となることなどが指摘されている。

まず、これらに関する論点を記しておきたい。

(1)「道州制の導入を必ずしも前提としていない」道州制基本法案とは、一体何なのか。基本法を制定しながら、道州制のあり方だけを検討し、その導入を図らないなどということがあるのだろうか。それだけのためにわざわざ道州制推進本部と道州制国民会議を設置する法律を制定するのであろうか。基本法の制定は道州制の導入自体を決定するものではないが、道州制の導入に向けての具体的な方策を政府に義務付けることになるのは明らかではないか。

(2)「『道州制の導入は、市町村合併を前提とするものではない。』ということは、我が党は、何度も明らかにしているところです。」としているが、これは、いささか驚きである。当初の案では、「地域完結性を有する主体」とか、「市町村の区域を基礎として編成し」とかの文言があったたし、道州制国民会議への諮問事項には「基礎自治体の名称、規模及び編成の在り方」が盛り込まれていた。明らかに市町村合併を前提にしていた。それを前提にしないということは、これらの箇所が削除・修文されていることになる。それならば、わざわざ「基礎自治体」という必要はなく、「道州制は、道州と市町村によって構成される地方自治制度である」といえばよいし、道州制国民会議で「基礎自治体の名称」を検討する必要はなく、これを削除すべきである。現行の市町村は、事務の再編の有無にかかわらず、基礎自治体に全て移行するものと想定しているというが、それならば、「基礎自治体」といわなければならない理由はない。

現行市町村の合併・再編を前提にせず、小規模な市町村の存続を認めるとしつつも、「基礎」と「広域」という二層制が基本となるとしているが、新設の「道州」とそれに見合う「基礎自治体」が、いかに補完の仕組みを考えるといっても、現行の市町村のままで差し支えないというのはにわかには理解しにくい。

都道府県は廃止し、道州を新設するが、市町村は、そのまま「基礎自治体」へ移行することを認めるということは、「道州制」の狙いが都道府県の廃止と再編にあることを伺わせる。「道州」さえ設置すれば、各道州包括される市町村をどうするかは、道州に任せることにならないであろうか。

(3)既存の自治制度とは、「国と都道府県と市町村の関係によって構成されている地方自治制度である。この関係を分権の観点で改革（事務権限移譲と関与廃止縮減）するのが地方分権の推進である。これが本当に限界に達するまで推進されてきただろうか。国の出先機関を無理のない形で広域連合に移管する改革一つとってみても、政権党と内閣が改革を進める不退転の決意をし、それに必要な統治能力を発揮しさえすれば可能なはずである。必要なら都道府県合併を行えばよい。都道府県を廃止し、「道州」を設置するような大ごとに突入しなければならない理由は極めて乏しいのではないか。

依然として疑問の尽きない「道州制推進基本法案（骨子案）」

全国町村会は、平成25年12月13日付で、次のような「『道州制推進基本法案（骨子案）』について（回答）」を推進本部に発出している。

(1)「道州制推進基本法案（骨子案）」によれば、①『第1　総則』『1　趣旨』で、「道州制の導入の在り方について具体的な検討に着手するため」とされ、②『第2　道州制推進本部』『2　所掌事務』では、道州制推進本部の所掌事務を「道州制に関する企画及び立案、施策の実施の推進」とされ、③『第4　必要な措置』では「道州制に関する国民的な議論を踏まえ、速やかに、法案の整備その他の必要な措置を講ずるものとする」とされているなど、基本法案は道州制導入を前提にしていると言わざるを得ない。

(2)「道州制の導入は、市町村合併を前提とするものではない」としているが、①現行の市町村の合併を前提としないならば、基本法案にわざわざ「基礎自治体」という用語を使用する必要はなく、②法案『第3　道州制国民会議』『10　道州制国民会議への諮問等』の諮問事項に「ク　道州及び基礎自治体の名称その他組織に関すること」が例示されているが、合併を前提としないのであれば、基礎自治体の名称を検討する必要はなく、さらに諮問事項に「コ　基礎自治体における地域コミュニティの役割に関すること」が例示されており、これは合併によって解消される市町村の区域について配慮する意図によるものと言わざるを得ない。また『第1　総則』『3　基本理念』の⑤で「基礎自治体は都道府県及び市町村の権限をおおむね併せ持ち、住民に直接関わる事務について自ら考え、かつ自ら実践することができる主体とすること」とされており、現行の市町村すべてが「基礎自治体」に当てはまるものとは考えられないことから、基礎自治体を整備するためには、市町村合併が不可避ではないのか。

こうした理由を挙げ、全国町村会としては、示されました基本法案が道州制の導入と市町村合併を前提としていると受け止めざるを得ないとし、「平成の大合併を終え、各地域がどのような状況に置かれているかをしっかり把握するなど合併の検証を行い、これらを踏まえて道州制の必要性自体を、まず議論すべきである」という見解を記し、改めて「道州制推進基本法案」の次期通常国会への提出と道州制の導入に断固反対する、としている。

なお、「道州制推進基本法案」には、道州制国民会議への諮問事項として「基礎自治体間の事務の共同処理、道州による基礎自治体の事務の代行等基礎自治体の事務の補完の在り方に関すること」が、また、「地方六団体との協議」に関して「政府は、道州制について地方六団体と協議を行い、その内容が道州制国民会議の調査審議に適切に反映されるよう、配慮しなければならない」が盛り込まれている。

当初から市町村合併を前提にしなかったとは思えないが、前提としないと明言した以上、「基礎自治体の事務の補完の仕組みが必要」といわざるを得なかったと思われる。「道州制」が市町村合併を前提にしないということであるならば、多様な規模の市町村が存在し続けることになるから、「道州制」は、巨大な広域的な地方公共団体としての「道州」と現行の市町村との関係になる。それは相当に不釣り合いな地方自治制度になるのではないか。従来の国の事務を相当に担う道州が、その事務を処理し、しかも小規模市町村への補完機能を果たすためには、おそらく、現行の都道府県という単位を存置せざるを得なくなり、実質的に二層制は守れないことになるのではないか。

それでも、全国町村会への回答の中では「いずれにしても『基礎』と『広域』という二層制が基本となる」としている。巨大化し、住民から遥かに遠い存在となる道州がどのように小規模市町村の事務を補完するのであろうか。おそらく、近隣の「基礎自治体」による補完論が出てくるだろう。それが嫌なら自主的に合併に踏み切ったらどうかというだろう。道州制が「究極の小規模市町村つぶし」であることは変わらないのではないか。

10月30日の「回答」では「道州制の導入を前提としない中で、道州制の在り方を検討するだけの法制であれば、議論の余地があるのかどうか、できましたら貴見をお聞かせください。」という指摘があり、これに対しては、全国町村会は、修正案提出ではなく、「あえて法案について疑問点を指摘させていただければ」として、前文に関して、「第1　総則」の「2　定義に」に関して、「第1　総則」の「3　基本理念」に関して、「第1　総則」の「4　道州制の基本的な方向」に関して、それぞれ疑問点を提示している（その内容の紹介は省く)。出発点からして都道府県に代わる新たな広域の自治体の名称として、何らの説明もなく、なぜ連邦制の用語である「州」を当たり前のように決めているのか釈然としない。新たな区域の設定、「道州」の巨大性、国の役割の著しい限定、首都東京の扱い、事務に下方的押し付け、財政調整制度のあり方など疑問は尽きない。「道州制の在り方を検討するだけの法制」といっているが、都道府県の廃止というのならば、現行の都道府県のどこが、どのように問題なのか意を尽くして説明すべきである。

推進本部は、平成26年2月29日に、地方六団体に対して、2月18日付の骨子案を示し、「今後は党内の会議において地方六団体のご意見を報告し、更に党内調整等を行った上で、道州制推進基本法案を国会に提出する方向で、引き続き、努力をしてまいります。」としている。法案を国会に提出しようとすれば、自民党の総務部会の了承が不可欠であるが、全国町村会も全国町村議会議長会も強く反対しているのを押し切って決めるのであろうか。知事や市長の中にも反対者がいる。なにより、山積している政策課題の中で「道州制」の導入が優先度の高い課題であろうか。とてもそうは思えない。

『群馬自治』第340号　2014(平成26)年4月号　同年

8　人口減少時代を生き抜く

公共政策理論では、今まで動かなかった政策が、まるで低く垂れ込めた雲間からぱっと陽が射すように一気に立法化に向かう現象を「政策の窓が開く」といいます。高齢化とともに少子化に伴う人口構造の変化は分かっていましたし、特に若者の流出が続いてきた農山漁村地域の困難な状況も東京などの大都市における合計特殊出生率の低さも広く知られていました。全国の町村は、それぞれ、若者の定着、6次産業化、Uターンの促進、グリーンツーリズムなど、人口減少への対策を打ってきました。

こうした動きを内政の重要課題に押し上げ、立法を促すにはきっかけが必要でした。2014（平成26）年11月28日に「まち・ひと・しごと創生法」が成立しましたが、人口減少の問題に対する政府の政策展開を一挙に促したのは、元岩手県知事で元総務大臣の増田寛也さんが中心となってまとめた、いわゆる「増田レポート」でした。最初は『中央公論』2013年12月号の論考「2040年、地方消滅。『極点社会』が到来する」が、次いで、「日本創生会議・人口減少問題検討分科会」（分科会長・増田寛也）の「成長を続ける21世紀のために『ストップ少子化・地方元気戦略』」（平成26年5月8日）が公表されました。（増田寛也編著『地方消滅─東京一極集中が招く人口急減』2014年、中公新書として単行本化）。子どもの95%は20～39歳の女性が産んでいることに着目し、この層を若年女性と呼び、2010年を基準年にして30年後の2040年までにどこくらい減少するかをほぼすべての市町村について推計し、市町村名が入った一覧表を発表したのです。若年女性が50%以上減少する896自治体を「消滅可能性都市」としました。「消滅」の2文字が衝撃を与えました。

私は、「消滅」という強い言葉に対抗するため「罠」を使った文章を発表しました。

❖「自治体消滅」の罠

単に未来のことを記述しているように思われる言説（予想・予測）が、現在の人びとの行動に影響を与え、その結果、その言説が現実化してしまうことを、米国の社会学者R・K・マートンは「自己実現的予言」と呼んだ。マートンは、「銀行資産が比較的健全な場合であっても、一度支払不能の噂がたち、相当数の預金者がそれをまことだと信ずるようになると、たちまち支払不能の結果に陥る」という例をあげている。日本のことわざでは「嘘から出たまこと」である。

増田寛也元総務相を座長とする「日本創成会議」の分科会が、2014年5月、半数の自治体で20・30代女性が半減するという試算を公表し、マスコミで喧伝され、自治体関係者などに影響を与え始めている。もとは『中央公論』2013年12月号の論考「2040年、地方消滅。『極点社会』が到来する」であった。「地方消滅」の指標として使っているのは人口の「再生産力」を示す20〜39歳の女性人口の減少率である。東京圏などへの人口流出が続くと、2040年時点で2010年に比べ若年女性が50％以上減少し、人口が1万人以上の市区町村が373に、人口が1万人未満の市区町村が523になるという予測である。523の自治体は「消滅可能性が高い」という。増田氏たちは人口減に対する思い切った対策を提案している。

自治体消滅といえば、「平成の大合併」で消滅した町村数は１６００にも及んだ。人為的な市町村消滅は激しく大規模であった。市町村の最小人口規模が決まっていないにもかかわらず、自治体消滅の可能性が高まるというが、人口が減少すればするほど市町村の存在価値は高まるから消滅など起こらない。起こるとすれば、自治体消滅という最悪の事態を想定したがゆえに、人びとの気持ちが萎えてしまい、そのすきに乗じて「撤退」を不可避だと思わせ、人為的に市町村を消滅させようとする動きが出てくる場合である。未来の予測を「自己実現的予言」にさせてはならない。

町村週報第２８７９号　２０１４（平成26）年５月19日

この文章の以前に、人口の自然減について、それが国籍法の「血統主義」を結び付いていることを指摘しました。

❖国籍法の「血統主義」と人口の自然減

２０１３年３月、国立社会保障・人口問題研究所は、27年後の２０４０年にはすべての都道府県で２０１０年より人口が減少するとともに、65歳以上の高齢者の割合も30％を超え、全国で人口減少と少子高齢化が進むとした推計をまとめた。市区町村別では、全体の95％に当たる１６０３の自治体が２０１０年の人口を下回り、２割以上人口が減少する自治体が70％を上回るとしている。人口の自然減をどう考え、対処するかは、わが国の最重要問題である。

日本の国籍法は、出生による国籍の取得に関して、子は、①出生の時に父又は母が日本国民であるとき、②出生前に死亡した父が死亡の時に日本国民であったとき、③日本で生まれた場合において、父母がともに知れないとき、又は国籍を有しないとき、「日本国民とする」と規定している。日本国民でない者（「外国人」）は帰化によって日本国籍を取得することができるが、法務大臣による許可を得なければならない。日本社会は、基本的に、日本人である両親から生まれた子どもが次世代を成していく社会であるといってよい。日本国籍取得に関して原則として父母両系血統主義を採用しているからである。

しかも、日本では出産は結婚と強く結びついている。同棲関係で生まれた子どもを社会が育てる発想は極めて弱い。結婚すれば、平均して子どもを2人は産んでいる。決め手は結婚の成否である。若い男女が結婚しなければ、人口の縮小は必至である。結婚が自己決定であれば、結婚は良きもの、望ましきものであることを強調し、結婚して子どもを産んだ夫婦を支援・激励する以外にない。それが奏功しなければ、人口の自然減は終わらない。出生による国籍取得に関する「血統主義」を、例えばアメリカ合衆国のように、その領土内で出生した子どもは、その両親が外国人であっても市民権（国籍所得）を認める「出生地主義」へ変更できるだろうか。それは本格的な多民族社会への転換になる可能性がある。日本人は今、岐路に立っているのかもしれない。

町村週報第2838号　2013（平成25）年4月22日

「創生」といえば、竹下内閣の時の「ふるさと創生」を思い出します。地方創生を「現代版ふるさと創生」にしたいものと考え文章を書きました。

❖「まち・ひと・しごと創生」を現代版「ふるさと創生」へ

　１９８８（昭和63）年の全国町村長大会で、「ふるさと創生」を内政の最重要課題に掲げた竹下登総理は、「地方の皆さんがメニューを作って、それを中央がいかにサポートするかというように発想を転換しなければなりません」と述べた。通称ふるさと創生事業は、各市区町村に対し、地域活性化に使える資金１億円を一律に地方交付税交付金に追加した政策であった。当時、東京湾の臨海部副都心整備は４兆円、横浜市のＭＭ21《みなとみらい》は２兆円の事業であったから、それと比べて１億円事業の合計はたった３２００億円程度であった。それでも、全市区町村を対象にした「ふるさと創生」の支援であった。全国の自治体は１億円の使い道を熱心に議論した。

　２０１３（平成25）年の全国町村長大会で、安倍晋三総理は、「美しい国の原点はまさに町村にあり」と挨拶したが、その総理の提唱で「まち・ひと・しごと創生本部」が設置される。気になるのは「まち」が焦点になっていることである。この「まち」に「むら（農山漁村）」が含まれていると読めるだろうか。増田寛也元総務相を座長とする「日本創成会議」の分科会は、「成長を続ける21世紀のために『ストップ少子化・地方元気戦略』（平成26年5月8日）で、「東京一極集中」に歯止めをかけるために若者に魅力ある地域拠点都市を中核として新たな集積構造を構築すべきだと提案している。こうした案が国の施策に組み入れられようとしている。

　地方拠点都市という圏域形成によって東京などの大都市への人口流出を食い止め、そこでの出生率を高めることが期待されているが、拠点都市への資源の集中が周辺の農山漁村地域の衰退を加速させるのではないかと心配になる。小規模市町村はどうせ人口減少で消滅するのだから拠点都市の維持・成長のためには切り捨ててもやむを得ないというような施策は地方創生とはいえない。「まち・ひと・しごと創生」が、国とすべての自治体が知恵と力を結集して人口減少に立ち向かう現代版「ふるさと創生」になることを切望したい。

町村週報第2891号　2014（平成26）年9月1日

こうした考え方を、2014（平成26）年全国町村長大会に合わせて、まとめたのが「地方創生─人口減少に立ち向かう─」でした。

❖地方創生─人口減少に立ち向かう─

今年もまた全国町村長大会がめぐってきました。この大会は、全国の町村長さんが一堂に集い、町村のゆくえを確固たるものとする政策を決意も新たに提言する一大イベントの場になっています。以下、町村長さんに対して、人口減少と同時に自治体消滅論に立ち向かっていただきたい旨を述べたいと思います。

地方創生・地方分権・道州制

前岩手県知事・元総務大臣の増田寛也さんを中心にまとめた論文「2040年、地方消滅。『極点社会』

が到来する」（『中央公論』の２０１３年12月号）が発表され、東京圏への人口流出が止まらなければ、20歳から39歳の若年女性の減少によって多くの自治体が立ち行かなくなると予想しました。急激な人口減の深刻さを強調するため「地方消滅」という強い言い方をあえてしたのだと思います。

自民党幹事長であった石破茂さんは、増田さんをすぐに自民党国家戦略本部に講師として招いています。石破さんは、鳥取県八頭郡八頭町（旧郡家町）出身で、選挙区は鳥取県1区です。素早い反応でした。第2次安倍改造内閣に入閣した石破さんは、「地方創生担当」大臣ですが、内閣府特命担当大臣（国家戦略特別区域担当）ということにもなっています。この石破大臣の下で、地方の人口減少抑制と地域活性化を目指す「まち・ひと・しごと創生法案」と地域支援策の申請窓口を一本化する「地域再生法改正案」が国会の審議にかかっています。この2法案は、２０１５年春の地方統一選挙対策を超えた長期的戦略として、その成否は日本社会の将来に重大な影響をもつと言えます。

ところで、石破さんは地方創生担当、国家戦略特別区域担当の大臣なのですが、これまでの地方分権改革や道州制はどうなっているのかと疑問に思う方もおいでになるでしょう。実は、前の内閣の新藤総務大臣の肩書には、「国家戦略特区、地方分権改革、地域活性化、道州制担当」が入っていたのです。このたび入閣した高市早苗氏は「総務大臣」とあるだけなのです。

内閣総理大臣は、大臣任命に際し、各大臣が分担する政策をどんな視点で取り組むべきかを示す「指示書」を手渡しします。石破大臣への「指示書」では「元気で豊かな地方の創生のため、…総合的な施策を立案し実施する。」とし、その7項目の中に、「国から地方への権限・財源等の移譲を促進するなど、地方分権を推進する。」と「『道州制基本法』の早期成立を図り、その制定後5年以内の道州制導入を目指す。道州制導入までの間は、国・都道府県・市町村の役割分担を整理し、住民に一番身近な基礎自治体（市町村）の機能強化を図る。」が入っているのです。

道州制基本法案を国会に提出しようという意向は変わっていません。もっとも、地方創生の推進策には「国だけでなく地方も一体となった総合的な地域活性化を検討・実施する。」とされていますが、これには自治体による地域政策の着実な積み上げと効果的な国の支援策がなければ実現しません。道州制の推進がまた表面化すれば反対の動きも台頭し、地方創生の推進力がそがれてしまう可能性が高くなりますから慎重な運びになると考えられます。

自由民主党道州制推進本部の本部長は今村雅弘さんから佐田玄一郎さんに変わりました。佐田さんは、２００６年の第１次安倍内閣で内閣府特命担当大臣（規制改革）でしたが、国・地方行政改革担当、公務員制度改革担当、地域活性化担当、道州制担当を兼ねていました。２０１１年には党の道州制推進本部長を務めています。ただし、佐田さんは、国の地方支分部局を存置させ、それと自治体との連携を強める仕組みとするなど、これまでの「道州制推進基本法案（骨子案）」を修正し、党内手続きが済めば国会へ出す意向であると伝えられています。今のところ、どんな内容のものになるのか、道州制の扱いのゆくえについては何とも言えません。全国町村会としては、これまでの構えを維持しつつ、新たな展開に対して素早く対応し、町村の将来、日本国の将来にとって道州制の何が問題なのかを訴え続ける必要があるかと思います。

人口急減と「増田レポート」

日本の人口は１９００（明治33）年には４３８５万人でしたが、その１００年後の２０００（平成12）年には1億２６９３万人まで増加しました。２００８（平成20）年に1億２８０８万人となっています。もしこのペースで人口が増加すれば、２１００年には約3億７５００万人になる計算ですが、それだけの膨大な数の日本人が資源の少ない狭い国土で平和に豊かに暮らすことができるかどうか心配になります。

ところが、２００８年をピークに総人口は減少し始めました。国立社会保障・人口問題研究所の２０１２年1月の推計では、総人口は、２０３０年（中位推計）に1億１６６２万人、２０５０年に９７０８万人、２０６０年に８６７４万人、２１００年に４９５９万人になるといいます。総人口が明治末期頃の規模に戻っていきます。今度は、急減していくことが危機だと捉えられ、人口減少に歯止めをかける政策が強調されることになりました。

人口急減の問題に対して広く自治体関係者の関心を喚起したのは、先の論文に次いで発表された「増田レポート」（日本創成会議・人口減少問題検討分科会「成長を続ける21世紀のために『ストップ少子化・地方元気戦略』平成26年5月8日」）でした。大都市への人口移動が収束しない場合、２０１０年と比べ２０４０年に若年女性（20～39歳）が50％以上減少する８９６自治体を「消滅可能性都市」とし、そのうち２０４０年に人口が1万人を切る自治体５２３は「消滅可能性が高い」とし、その自治体名がわかる一覧表を示しました。「消滅可能性が高い」とは、自治体がどういう状態になることなのかは明言されず、当然視しているかのようです。名指しされた市町村が困惑したのも無理はありません。

自治体消滅とは

ある自治体の人口が限りなくゼロに近づけば、自治体は存立しえなくなります。しかし、自治体は法人ですから、自然に消滅することはありません。地方自治法は「地方公共団体は、法人とする。」と規定し、法人としての自治体の任務遂行責任を法人の機関（議事機関である議会と執行機関である首長等）に負わせています。消滅というと自然に無くなるというイメージがありますが、ある地方公共団体を法人として消滅させるには人為的な手続きが必要なのです。市町村が消滅するとは、関係市町村が自ら法人であることを放棄する場合です。

それは、法人としての任務の遂行を首長・議会と住民が断念するときです。

事実、わが国では、明治以来、市町村合併が進められ、おびただしい数の市町村が法人格を失い消滅しています。「平成の大合併」で消滅した町村数は1600余にも及んだのです。合併によって法人格が失われれば、その首長や議会議員は失職しますし名称も消滅します。しかし、合併によって面積を拡大しても地域再生の解決につながらず、まして人口減少に歯止めをかけることなどできないのが現状ではないでしょうか。

自治体を消滅させないために

「増田レポート」は、市町村合併による自治体消滅には言及していません。急激な人口減少（社会減と自然減の同時進行）によって市町村の存立基盤が危機に瀕することに警鐘を鳴らしました。しかし、この警鐘の受け取り方には注意が必要なのです。

単に未来のことを記述しているように思われる予想・予測が、現在の人びとの行動に影響を与え、その結果、その予想・予測が現実化してしまうことを、ロバート・K・マートンという米国の社会学者は「自己実現的予言」と呼びました。日本の諺では「嘘から出たまこと」と言います。

市町村の最小人口規模など決まっていないにもかかわらず、若年女性の半減で自治体消滅の可能性が高まるというのですが、住民人口が減少すればするほど市町村の存在理由は増しますから消滅など起こりません。起こるとすれば、自治体消滅という最悪の事態を想定したがゆえに、人びとの気持ちが萎えてしまい、そのすきに乗じて「撤退」を不可避だと思わせ、人為的に市町村を消滅させようとする動きが出て、当の市町村がそれに挑戦する気持ちを失ってしまう場合なのです。自然条件や社会・経済的条件が厳しい地域であればこそ、自主・自律の気概で、それを乗り越えようとする首長・議会・地域住民の強い意思があれば、市町村が消滅することはありません。

地方創生の意義

さて「まち・ひと・しごと創生」ですが、普通は、「まち」は都市を、「むら」は農山村を意味していますから、「むら」が除外されているのではないかと疑問に思うかもしれません。しかし、「創生法案」では「潤いのある豊かな生活を安心して営むことができる地域社会の形成」とか、「地域社会を担う個性豊かで多様な人材の確保」とか「地域における魅力ある多様な就業の機会の創出」と言っていますが、ここでの「地域」から「むら」が除外されているとは考えられません。「まち」とは、全国津々浦々の地域を指していると理解できます。

地域とは、自治体が管轄する単なる「区域」ではなく、人びとが暮らす「場所」です。場所としての地域は、人と自然、人と物産、人と人との独自の関係によって成り立っています。市町村は、この関係を見抜き、地域の政策課題を解決していく責務を負っています。時代の変化の中で、どうすれば、この責務を果たせるのかが問われるのです。

「創生」は広辞苑（第6版）によれば「新たに作り出すこと」ですが、１９８８（昭和63）年に、竹下登総理が内政の最重要課題として掲げた「ふるさと創生」が「創生」の字を使っていました。ふるさと創生1億円事業でした。あれから四半世紀を経て再び「地方創生」が国の施策として打ち出されました。しかし、このたびは人口減少への対応が強く意識されています。

石破大臣は、使途の自由度が高い新たな交付金制度の創設を検討する考えを示し、そのためには、自治体が、地域活性化の具体的な政策目標を定め、交付金の効果をきちんと検証できる仕組みにすることが大切であるとしています。

ほとんどの町村では、少子高齢化の進展が自治の営みに多くの困難を生み出していることを認識し、すでにそれぞれの実情に応じ、６次産業の展開、婚活、子育て支援、若者の雇用や居住の支援、出身者の帰還、移住希望者の受け入れ、グリーンツーリズムなどの施策を実施しています。

「地方創生」とは、遅ればせながら、国が本気になって人口減少に歯止めをかけようとすることですから、地方からの提案を真剣に受け止め、縦割りを排し、必要な財政措置を行うなど、不退転の決意で実行してほしいというのが地方側のいつわらざる気持ちではないでしょうか。

安心して結婚・妊娠・出産・育児・子育てができる社会

日本の国籍法は、出生による国籍の取得に関して、「子は、出生の時に父又は母が日本国民であるとき」とし血統主義をとっています。日本社会は、基本的に日本人である両親から生まれた子どもが次世代を成していく社会であるということができます。

しかも、日本では出産は結婚と強く結びついています。結婚すれば、平均して子どもを2人は産んでいます。決め手は結婚の成否です。人口減少に歯止めをかけるには若い世代が安心して結婚・妊娠・出産・育児・子育てができるような施策を国と地方が一丸となって展開する以外にはありません。結婚・出産は個人の決定に基づくがゆえに結婚制度の意義を強調しすぎることはありません。農山漁村では若者の流出に歯止めをかけ、若者の転入を促進し、人口構成のバランスを回復することが重要です。

その上で、当面は、人材育成を促進し個々人の生産性を高め、省力化に役立つ新たな機器の技術開発と活用を図りつつ、人口減少のソフトランディングに希望をつないでいくのです。

町村週報第2899号　2014（平成26）年11月17日　論説

2014（平成26）年9月、全国町村会は、藤原忠彦全国町村会長（長野県町村会長・川上村長）の指示のもとに、「人口減少対策に関する有識者懇談会」を設置しました。当初の委員は、大森彌（座長・東京大学名誉教授）、後藤春彦（早稲田大学創造理工学部長）、神野直彦（東京大学名誉教授・地方財政審議会会長）、福島富士子（東邦大学看護学部教授）、本田由紀（東京大学大学院教授）、武藤博己（法政大学大学院教授）でしたが、堀田聰子（独立行政法人労働政策研究・研修機構研究員）が加わりました。有識者懇談会は、地方創生に関する考え方と施策を検討・取りまとめ、これに基づいて、全国町村会、2014年11月に、「地方創生の推進に関する提言」を発表しています。

懇談会の現地調査として、2015（平成27）年2月の初め、鹿児島県徳之島の伊仙町を訪れました。その「子宝の島」について書きました。

❖子宝の島

いまでは小学校の国語の教科書に万葉集が記載されているが、その歌人・山上憶良の「銀《しろがね》も金《くがね》も玉も何せむに勝《まさ》れる宝子に及《し》かめやも」は、私の世代にとっては忘れ難い。子に恵まれない夫婦が子授けのご利益のあるとされる神社やお寺へ祈願にいくのは今も変わらない。しかし、現在日本では、子を何物にも代えがたい宝であるという考え方は弱まってきているように思える。それが出生数の低下の一因になっているのではないか。

ところが、徳之島空港に着陸すると、〝徳之島子宝空港〟とある。2012年2月に付いた愛称というが、その由来は、どうやら、空港を出ると「妊婦が寝ているようだ」といわれている「寝姿山」が出迎えてくれるからだという。徳之島空港を「子宝空港」と呼ぶにはなるほどと思える根拠があるのである。

奄美群島の一つである徳之島には、徳之島町、伊仙町、天城町の3町があるが、この島には「子やたぼらゆんしこ」（子供は恵まれるだけなるべく多く生んだほうがいい）という考えが根付いていて、なんと、2009年1月30日に厚生労働省が発表した合計特殊出生率では、伊仙町が全国1位の2・42、天城町と徳之島町が2・18で、2位と3位であった。当時、東京都目黒区が0・74で最低、次いで京都市東山区が0・75、東京都中野区も0・75であった。全国の平均値が1・31であったから、徳之島は文字通り「子宝の島」と言える。

なかでも伊仙町は2014年1月にも、なんと2・81で再び全国1位になっている。住民の多くは、この町が子宝の島といわれる要因として「親や兄弟、友人、近所の人など子育てを支援する人がいる」や「子どもが多くても何とか育てていけると思う」や「子どもは大事（くぁーど宝）なので授かった子どもは大事に育てようといった考えが地域にある」をあげている。もちろん町役場もさまざまな支援策を展開している。大都市が人口減少に歯止めをかけるのなら徳之島に学ぼうということになる。

しかし、子宝の意識が弱まり、核家族化が進み、地域力が弱化している大都市では出生率を上げるのは至難である。妊娠・出産・育児で孤立しやすくなってしまった母親やその家族を包括的に支援する事業（日本版ネウボラ）などを強力に展開する以外にないだろう。

町村週報第２９１３号　２０１５（平成27）年３月16日

「まち・ひと・しごと創生法」を梃子に展開され始めた人口政策（人口の減少に歯止めをかけるとともに東京圏への人口の過度の集中を是正する）は、不可欠でしょうが、いわば決め手を欠いているのです。それが、日本国憲法の第22条と第24条に関係していることを指摘しました。

❖日本国憲法と人口政策

２０１５年は地方創生元年といわれるが、それは、国が、法律を制定して人口政策に乗り出したからである。「まち・ひと・しごと創生法」は、人口の減少に歯止めをかけるとともに、東京圏への人口の過度の集中を是正することを目指している。ただし、この人口政策には、これぞという確実な実現方策がない。日本国憲法が国民に保障している2つの自由との兼ね合いが難しいからである。

憲法第22条は「何人も、公共の福祉に反しない限り、居住、移転及び職業選択の自由を有する。」と規定している。ある市町村で生まれ育った人が、その故郷で暮らそうが、他の地域に出て行って暮らそうが自由である。住民基本台帳法によって転出・転入届は義務づけられているが、どこへ移転し、どこに居を定め、どんな職業に就こうが、個人の自由である。地方創生施策では「地方への新しいひとの流れをつくる」としているが、この自由を前提にしている以上、地方から大都市への流出を食い止め、大都市から地方への移住を増やすことができるかどうかは、ひとえに、それを可能にする社会経済的な施策の実効性にかかっているということになる。これは相当に難事である。

また、憲法は、「婚姻は、両性の合意のみに基いて成立し、夫婦が同等の権利を有することを基本として、相互の協力により、維持されなければならない。」（第24条）と規定している。男女が合意に至らなければ結婚は成立しないのであるから、結婚するかどうかは当事者の自由な選択に委ねられている。この自由を前提にして、結婚・出産を促すことになるのであるから、これも相当に大変である。

わが国では、婚外で、同棲で産まれた子どもを社会で育てるという文化は希薄であるから、結婚と出産が強く結びついている。できるだけ早めの結婚の成否が「人口の減少に歯止めをかける」決め手である。国の「長期ビジョン」では、「2060年に人口1億人」を実現するシナリオとして、現在1・43の出生率を2020に1・6、30年に1・8、40年に人口置換水準2・07に上げていくことを想定している。しかし、出生率を向上させる方策には「『これさえすれば』というような『決定打』もなければ、これまで誰も気づかなかったような『奇策』もない」と認め、長期的・継続的な取り組みが必要であるとしている。当初は、出生率1・8を「まず目指すべき水準」としていたが、「我が国においてまず目指すべきは、若い世代の結婚・子育ての希望の実現に取り組み、出生率の向上を図ることである」と修正した。「結婚や出産はあくまでも個人の自由な決定に基づくものであり、個々人の決定にプレッシャーをあたえることがあってはならない」からである。

日本全体で人口減少に歯止めをかけることができるかどうかは、東京をはじめ、人口が著しく集中し、しかし、出生率が低い大都市地域（日本人の5人に1人が指定都市で暮らしている）における男女が安心して結婚し子どもを産み、育てられるかどうかによって左右される。その意味では、このたびの人口政策は大都市対策でもある。そして、大都市に過度に人口が集中したことが出生率の低迷に大きく結びついているのであれば、地方再生と「田園回帰」（「向村離都」）を確実に達成しなければ、この人口政策は成功しない。これを、50年以上も持続させる必要があるのである。気の遠くなるような超長期政策であるが、国も自治体も、これに乗り出したのであるから目途が立つまではやり遂げる以外にない。

町村週報第2926号　2015（平成27）年7月13日

Ⅱ

町村自治の風景――「閑話休題」

1　首長論

❖マジィック・ボックス

マジィック・ボックスといえば、手品師が使う魔法の箱を想い起こすだろう。同じマジィック・ボックスでも、ここでは選挙の時の投票箱を指している。投票箱がマジィック・ボックスとは奇異に聞こえるかもしれないが、実は、あの投票箱は「民の声」を「天の声」に変えるマジィック・ボックスなのである。

現在の日本では20歳以上の男女に平等な一票が与えられている。この一人一票制は投票権の平等を保障する政治制度として当然視されている。しかし、実際の一人ひとりはふぞろいで等しくないのが現実である。晴れても降っても投票にいかない不面目な有権者もいれば、天候になど左右されず必ず投票にいく律義な有権者もいる。血縁・地縁のしがらみで一票を投ずる有権者もいれば、自ら政党と候補者を評定して一票をきめる有権者もいる。なかには実質的に一票を金で売りわたす不心得者もいる。

このように実際にふぞろいな有権者がさまざまな思いで一票を投じても、あの投票箱のなかで、すべてのふぞろいさがそぎ落され、清められ全く等価の一票に変ずるのである。開票の結果を「民意の審判が下った」というが、あれは投票箱を通ることによって「天の声」に変えられた「民の声」のことである。「天の声にも変な声がある」というのは敗者の負け惜しみであり、「天の声」に従うのが民主政治のルールである。

こうしてふぞろいな一人ひとりの「民の声」は清められ集約されて抗しがたい「天の声」となる。この変換を可能にする装置こそ投票箱であって、まさにマジィック・ボックスと呼びうるわけである。だから投票箱の管理は厳正に行われなければならず、その任務に当る選挙管理委員会の存在は重要である。実施には、その選挙実務は市町村職員が行っている。投票の結果が「天の声」としてきちんと出ることは投票箱が健全に機能している証拠である。

町村週報第１８５５号　１９８９（平成元）年９月11日

❖先見の明と改革

日本社会は、いま、いたるところで改革の波に洗われている。町村の役場もその例外ではない。改革は、その内容がなんであれ、ある現状を変更することである。そして、現状変更は、必ず人びとに不安と警戒を生み出す。不安はまだはっきりと分からない未来の状態への怖れであり、警戒は既得権益を失うかもしれないことへの心配である。だから現状変更は、この不安と警戒を乗り越えなければならない。それが難しい。

人びとが現状変更を受け容れやすいのは外圧と事故・不祥事の二つの場合で、外から押し寄せてくる圧力に抗しがたく改革に踏み切らざるを得ない場合か、人身や財産に大きな被害が及ぶ事故が起こって現状を改めなければならない場合である。外圧に屈する改革は本意でなく、どこか屈辱感が残る。事故・不祥事を待ってしか改革ができないのは賢明ではなく損失である。

そこで、現状変更の第三の方法が考えられる。それは、先見の明のある人の忠告・勧告・提案を真剣に受け止め、その実現に向かって人々の合意を創り出すことである。世の中には、現状を放置しておけば必ず問題が深刻になり、人々に害悪が及ぶことを見抜く少数者がいるものである。多くの人々が現状に安住しているとき、先見の明のある人は、そこに胚胎する危機に気づき、現状を変更する必要を説く。だから、そうした人は、概して厄介者や変人の扱いを受けやすい。

改革が、外から押しつけられるものでもなく、事故が起こって被害が出てからでもなく、まさに先見の明を働かせ、自分たちが選び取っていく。ものとして構想され実行されるとき、それは喜ばしくも誇らしいものとなる。それは、「自ら治める」という自治のあり方にふさわしい姿ではないだろうか。全国の町村が、どのような形の改革を選ぶか、その帰趨は町村長の見識にかかっていると言いたい。先見の明の持ち主が町村長であれば最も望ましい。

町村週報第２２１５号　１９９８（平成10）年１月19日

❖民意を信頼し民意に問う

選挙で選ばれる町村長と町村議会議員には、選挙の苦労を知らない大学の学者などには分からない「民意」への怖れがあるという。民意は自分を見放し落選させるかもしれないからである。民意は眼に見えない。しかし、選挙ではその眼に見えないものが決定力をもつ。

そこで、この民意に対する態度がわかれる。１つは、こわい民意はできるだけそっとしておきたいという態度である。もう1つは、こわいことには変わりがないが、むしろ民意に問いかけ、民意を喚起しようとする態度である。

従来、比較的に狭域で顔見知りが多い町村の自治運営では、特に直接明白な利害関係がないと思えば、住民は「お上（役場）任せ」で、役場もいちいち民意に問いかけをしないできた。住民参加といえば、毎年の予算編成の前に、三役（首長・助役・収入役）と幹部職員が、地元選出議員を含む地域懇談会などの場で住民の要望を聞き、できるものを予算に反映させる工夫をしていれば上出来と考えられてきた。もちろん、この陳情型の民意吸収にも意義がないわけではない。しかし、これはまだ「民意はできるだけそっとしておきたい」という態度に属している。

本格的な住民参加は、住民が要望・陳情型の活動から1歩出て、何が町村の取り組むべき課題であり、その解決には具体的に何をすべきであり、また何ができるのか、そのためにはどれくらいの手間暇とお金がかかるかを、100人規模の公募委員を含むワーキング・グループのような場で住民と役場が一緒に議論し、進むべき方向を決め、それを役場が実施していくことである。そうすれば、町村行政は、住民を一方的に楽にさせる行政ではなく、住民もまた何らかの身銭を切る行政へと転換していく。この住民参加は民意を信頼し、民意を喚起することなしには実行されない。どちらを選ぶかが「分権型社会の創造」のゆくえを左右するだろう。

町村週報第2299号　2000（平成12）年1月17日

❖覚悟と責任を問われる首長職

基礎的自治体の仕事は様々だが、首長としては、多くの仕事は信頼できる職員ならば任せておける。かりに一週間旅に出たとしても、その間一回も役場に電話しなくてもきちんと仕事を運ぶように日ごろから職員を育てておけばよい。しかし、従来の考え方や事の運び方では、もはや立ち行かないような危機が発生すれば、首長がリーダーシップを発揮しなければならない。いまの時節と情勢は、そのリーダーシップを求めている。

リーダーとしての首長には三つの能力の有無が問われるといえる。第一は、他の人よりも少し早く、人々の悩みや困難や願望を見抜き、それを具体的な言葉・表情・動作で表すことができる能力であり、「表現の能力」である。第二に、自治体は日々意思決定をしなければならないが、大小の意思決定を的確にタイミングをはずさずにできなければならない。「決定の能力」である。第三に、自治体として、あることをやるかやらないか、どの程度までどういうようにやるのかには理由が必要であり、それを説得的に説明できなければならない。政治学の言葉では、これを「正統化の能力」と呼んでいる。市町村合併の是非をめぐる首長の対応などは、こうした能力が最も問われるケースである。

これら三つの能力を一人の首長がすべて兼ね備えていなければならないというのは少し期待し過ぎかもしれない。不十分な部分は幹部職員が補えばよい。そうした職員がいないというのであれば、それは人材育成の点で首長の不徳か怠慢ということになる。

歳入の縮小が続き、職員定員の適正化を進めているときに自ら報酬をカットせずに平然としている首長は少ないだろうが、時節柄、首長職はそう割に合う職ではなくなっている。危機に直面してリーダーシップを発揮しても必ず高い評価を得られるとは限らない。職員にも住民にも不人気な決定をしなければならないことも少なくない。それでも、世のため、地域のために、身を削ってまで、自治体の経営をやり抜かなければならない。こんな覚悟と責任を問われる首長職になろうとする人は奇特である。

町村週報第２４９５号　２００４（平成16）年10月４日

❖庶民の願いと政治

無病息災・百事大吉は、日常生活での庶民のいつわらざる願いである。もちろん、そうなってほしいと願うことと、現実のそうなることとは違うし、そうならないことのほうが多い。だから、いっそう、平穏無事・万事順調であってほしいと思うのである。

無病というわけにはいかず、大抵の人は病を得て苦しむし、息災というわけにはいかず、事故・災難がいつ降りかからないとも限らない。不慮の事故にあうかもしれない。人生、すべての目論見が、いつもうまく成就するとは限らない。運が向いているときも、ツキがない時もある。それは、賭け事をしなくとも、普通の暮らしでも実感できる。吉を願って凶と出ることは稀でない。ツキすぎると、「大吉は凶に還る」と不安になったりする。人事を尽くしても万事休すということもある。だから、健康管理も防災対策も怠ってはならず、じっと我慢が世過ぎの知恵になる。神社仏閣では手を合わせて現世御利益を祈る。堅実と慎ましさこそ庶民の暮らしの真骨頂である。

この庶民感覚からは、「政治家」の言動はわかりにくい。自己顕示欲と統制欲が強く、自分たちの言動が庶民にとって「息災」でも「大吉」でもないことには気がついてないらしい。なにしろ、天下国家のために、世のため人のために、嫌われ仕事に汗をかいていると自負しているからである。せめてもの救いは、政治家たちは庶民から好かれも尊敬もされていないことに、うすうす気づいていることである。

政権を運営している大政党は政界遊泳に汲々とし、選挙での「大吉」が「凶」に還りつつあることに無頓着のように見える。その打倒で小党を立ち上げる野心家たちは血気盛ん過ぎて信用できそうにない。どうも慎ましく暮らす庶民にとっては「災難」をもたらしそうに見える。「政治」は、日々の暮らしの平穏無事を願っている庶民にとっては「おはらい」でもしたくなる「疫病神」にみえている。それでも、「あなたが政治に無関心でも、政治はあなたを放さない」というのが政治学の格言である。慎ましい庶民の本当の怖さを政治家たちに知らせる以外にないかもしれない。庶民の一票の威力を、である。

町村週報第２８０２号　２０１２（平成24）年６月４日

2　自治体論

❖最初の政府

かねがね私は市町村を「最初の政府*」と考えるのが適切であるといっている。政府といえば、中央政府それも行政府のみを指すというのは地方自治に対する偏見ではないかと考える。市町村を「最初の政府」、都道府県を「広域の政府」、国を「全国の政府」ととらえ、それぞれの存在価値と役割を再認識する必要があると思う。

「最初の政府」とは聞きなれない言葉であろうが、われわれが最も接近しやすい自治の機関といったほどの意味であり、その特色は次の四点に要約できる。

①　身近さ。市町村は人びとの暮しに最も近いところにある。それは単に地理的な身近さをのみいうのではない。それならば国の出先機関の郵便局だって身近だといえる。最近のように郵便局が役場の窓口事務を代行したり、郵便配達人が独り暮しのお年寄りに声をかけるなど在宅福祉サービスをはじめている地域ならなおさらである。市町村が身近なのは地理的、心理的に近いということのみならず、自ら治めるという自治の実践の場でもあるからである。

②　現場性。国や県の施策を含めすべての施策の具体的効果が現われるのは市町村であり、また地域と住民と直接付き合わざるをえないがゆえに最も苦労の多いのも市町村である。

③　透明さ。市町村では住民の暮しに密着した仕事が多く、それゆえ住民の眼にさらされる機会も多いだけに開かれた行政運営を行わざるをえない。人びとから最も遠く透明度の低い国の省庁が集まっているところが「霞が関」なのはおもしろい。

④　先端性。市町村を末端機関とみなすのはおかしい。国の法令、施策、指導はもとより従来の考え方、やり方では適切に解決できない問題の発生に誰よりも早く気づくのは市町村の職員のはずである。だから、そこは「先端」である。

これら四つの特色を十分に発揮するとき市町村はより自治体らしくなるといえる。

町村週報第1849号　1989（平成元）年7月24日

＊　昭和47年5月に東京の中野区に「中野区特別区制度調査会」（会長・辻清明東京大学教授）が設置され、当時の中野区長の大内正二氏が「特別区、ひいては市町村は『最初の政府』と呼んでいいのではないか」と言われ、この文言が調査会の答申に入った。当時、私は、調査会の専門委員として答申の原案作成を行った（大森彌『特別区制度改革の軌跡―中野区特別区制度調査会から平成10年自治法改正まで』学陽書房、２０１3年を参照）。

❖地域言語で書く条例

国の法令は、全国民を対象にしているから共通語としての国語で書かれる。国民の誰もが理解できなければならないからである。

国語教育は国民の形成にとって最も重要な手段である。全国どこでも意思疎通のできる共通の言語が国語である。義務教育課程における必須科目としての国語の教育に文部省が強く関与しているのは、これが国民形成に直結しているからである。この意味で国語というのは集権的な仕組みそのものであると言うことができる。そして、国語教育が国民形成と国民統合の必要が起こった明治時代以来の仕組みであり、その必要性がなくならないかぎり、国語はなくならない。

この国語が力を増してきたため、地域の生活史に根ざした言語（地域語）は、どちらかと言えば肩身の狭い思いをしてきた。地域語を恥ずかしいと考える傾向さえもある。しかし、一定に地域で共有される言葉は、その地域の人々の生活に独特の表現形式を与え、地域にまとまりをもたらす働きをしている。それは地域文化そのものである。この限定性ゆえに地域語は分権的な仕組みであるといえる。

自治体には条例制定権があるが、条例は定義によって一定の地域のみに適用される。これまで、この条例も国語で書かれるのが当然と考えられてきた。しかし、条例なら地域語で書かれたものがあってもおかしくはないはずである。地域に残る民話が国語で書かれてしまっては味も素っ気もなくなってしまうように、地域の根ざした政策の表現としての条例が専ら国語で綴られているのは地域文化の軽視ではなかろうか。

地域語の条例では人の出入りが多い現在では新住者には分からないではないかという疑問が直ちに起ころう。これには地域語と条例の内容を同時に学べる一石二鳥の学習会を開けばよい、が答えである。地域語の条例を書き抜く分権精神の旺盛な自治体が出てこないだろうか。

町村週報第2087号　1995（平成7）年1月16日

❖先　端

「市町村は、地方行政の末端機関ではなく先端の自治機関である」というのが、地方自治論者としての私の持論である。この先端ということについて改めて考えてみた。

まず、やや不穏当だが、軍隊用語で言えば、先端は前衛である。前衛というと、前の方を守ると思われがちであるが違うのである。もともと前衛は英語では「ショック・トゥループス」(shock troops)、「敵に衝撃を与える部隊」のことである。だから、前衛は敵にとっては危険なのである。

先端は、物にたとえると、文字通り、切っ先のことである。そして、鉛筆でも先端は尖鋭なものであるし、尖鋭さは危険なものを意味している。猫の爪でも先端は危ない。

これらの比喩で先端を考えると、先端は危険なもの、凶器になるものとなる。先端は、ショックを与える位置にいる。それならば、市町村を先端であるというと、何が危険で、何がショックなのであろうか。

おそらく、従来、市町村なんて、国や府県が決めたことを手足となって忠実に実施するところだと、それぐらいの能力しかないと思ってきた集権主義者にとって、市町村は先端だという思想は、危険でショックなのである。末端で従順であると思っていた市町村が、反転して、自己主張し、窮地に陥れることになるかもしれない。先端など、聞いただけでもおぞましいということになる。せめて、市町村は地方行政を行う地方団体でいてほしいのである。

そうはいかないのである。今回の地方分権推進は、従来のような上下・主従の関係を対等・協力の関係に変えることを目指している。市町村が、鋭敏な触手で地域と住民の真のニーズをさぐり、それを政策に練り上げていく、そこにこそ分権時代の市町村の姿がある。先端ともなれば覚悟がいる。綿密な調査、冷静な分析、的確な企画立案、そして決断と実行への責任が問われる。

町村週報第２１６５号　１９９６（平成8）年10月21日

❖自前で作る基本構想・計画を

平成12（２０００）年前後は、全国の多くの市町村で、基本構想・基本計画の改定の時期となっている。計画というのは、一定の前提と予測の上に成り立つから、その前提が崩れ、予測が外れてしまえば、およそ計画としては無意味になり、場合によれば有害にすらなるおそれが出てくる。そこで見直しと改定の必要が起こる。

計画には、達成したい理念や目標があるから、どうしても、それに役立つ前提や予測を入れ込みやすい。これはある程度しかたがない。ただ、これまで、ほとんど見込めないと判っていても、人口が増えるとか、いろいろな開発が進むとか、夢を描いて、努力してきた。そして、それが達成できなくとも、あまりその責任を追及することはなかった。しかし少子化が明白になり、人口増が望めず、開発といってもそうそううまみのある事業も見あたらない。まして、かつてのような企業誘致も極めて難しい。ハコモノ行政も、そこでの活動ソフトが乏しく、借金ばかり増えて、かつてのようには住民から喜ばれないし、支持も受けない。明らかに基本構想・基本計画の質が根本から問われている。

それにもかかわらず、相変わらず、民間のシンクタンクに住民意向調査と計画内容の作成を委託するという、これまでの安易なやり方を踏襲している市町村が少なくないのは、どういうことであろうか。そういうと、日常業務に追われ、自分たちの手で地域を点検し、調査をし、計画案を練り上げるようなゆとりもないし、またその経験も乏しいので自信がないという言い訳が返ってくる。自分たちの地域の将来について、自分たちで構想し、その実現のために本当に必要な施策・事業を考えられないような市町村が自治体の名に値するであろうか。安易な民間委託をやめ、住民と役場が全力をあげて自前で作り抜く気概と努力を示してほしいと声を大にして望みたい。そうしてこそ、その計画は自分たちのものとなる。

町村週報第２１６５号　１９９６（平成８）年10月21日

❖身近さの含意

市町村をどう捉えるかは、地方自治論の基礎である。私は、早くから、市町村は、末端ではなく先端の自治機関であり、「正体不明の地方団体ではなく「最初の政府」であると捉え、その重要性を強調してきた。「最初の政府」とは、どこよりも市町村こそが、住民にとって最も接近しやすく自分たちの声を反映しやすい自治の単位であることを意味している。そして、その特色のひとつは身近さ（クロースネス）にある。

身近さとは、たんに地理的に近くにあるということだけでなく、関係において近いことである。近くにある町村の役場が、住民にとって遠いと思われていることは十分ありうる。それは、この場合の身近さの本質が、役場のコミュニケーションの力にあるからである。

役場が住民に対して、何を、いつ、どのように伝えようとするか、その意図することが住民に理解でき、納得できなければならない。それには、それにふさわしい態度と技術がいる。住民が役場を身近な存在だと感じるのは、役場が、物事を真摯に考え、できる限り、自己決定を促すような（「どう思いますか」、「どうしたいですか」）言葉でわかりやすく語りかけ、そのことを通じて、役場が、安心と励ましの支えとなってくれるのだと思えるときではないだろうか。

もし、役場が、役場の都合と論理を優先し、「こうしろ」、「こうするな」と指示命令系の言葉を多用し、住民との対話をできるだけ断ち切ろうとするような態度に出るならば、役場は遠く、自分たちの味方とは思えないだろう。住民は、そのような役場と協力して地域をよくするために身銭を切ってもよいと思うだろうか。住民が地域づくりに身銭を切ってもよいと思えるのは、役場が真に身近な場合に限られるのではないだろうか。

役場が、どんな言葉で、住民に語りかけ、その理解と共感を生み出せるのか、それへの絶えざる反省と工夫こそ、役場が身近であり続ける基礎である。

町村週報第２３５６号　２００１（平成13）年５月21日

3　自治体職員論

❖大部屋執務

一般に、町村役場での執務（仕事）の風景は、役場の規模にもよるが、同じフロアーに、間仕切りもなく、職員が机を並べて働いている。もちろん、課や係は分かれているが、お互いに執務の様子を観察できる仕事場となっている。一人ひとりが個室で仕事をすることなど思いも及ばないのではなかろうか。

同じフロアーとか同じ部屋とか、いわば一所《ひとつところ》に複数の職員がいて課や係の仕事を分担しつつ協力しながら遂行している、この風景を私は大部屋執務と命名している。やや宣伝めいていて恐縮であるが、「イミダス」（集英社）という情報・知識辞典では「行政」の章を私が執筆しているが、そこにはいままでのどの類書にもないが、「大部屋執務」という項目がある。そこにはおおよそ次のように記述している。町村長さんのみならず課長さんの方々に是非、この当たり前の風景の意味を考えてほしいと思う。

行政組織の核心は職務（所掌事務）と権限（責任）の配分である。組織全体の仕事を個々の職員が分担できるまで分割し、その職務の遂行に必要な権限と責任を明確にし、個々人に割り当て仕事をさせる組織形成の方式をとれば、欧米の役所にみられるように、職場の風景は個室執務が原則となる。

これに対し日本の場合は大部屋執務が普通である。個々の職位ごとの職務内容と権限が詳細に特定化されておらず、仕事が係や課といった基礎的な組織単位の集団責任として処理される。課長以下、末端職員まで一所にいて、全員で協力して概括列挙的に定められている所属組織の分掌事務（○○に関すること）を遂行しているわけである。これは、①その一所で仕事をする全員がお互いに協力し合うことが可能であり、②仕事振りや人柄を縦横に評価し合い、③集団に属して仕事をするため課や係の一員として他の職員と協調的な人間関係を形成・維持できるかどうかが個々の職員・管理職にとって大切な配慮事項になることなどを意味している。管理職によき人柄が求められる所以である。

町村週報第1885号　1990（平成2）年5月28日

❖ジンザイ・いろいろ

私の友人で、ある市役所の課長さんによると、自治体の職員のジンザイには四通りあるのだそうである。人財・人材・人在・人罪である。

人財とは現に輝いていてよい仕事をしている職員。人材とは磨けば光り役に立つ職員。自治体の職員がこの二つのタイプばかりなら言うことはない。しかし、実際には、「ただ居るだけ」の「人在」と、「居ながら罪をつくっている」「人罪」ともいうべき職員が多いのだそうである。ちなみに自治行政に災いをもたらす職員を「人災」というのだそうである。

私は、かねがね、自治体職員「備品」論を唱えている。選挙によって当落のある首長や議員と違って、一般の職員は、いったん採用されるとずっと定年まで役所にいる、つまり、自治体にとっては備えつけとなる。だから、職員を「備品」とよんでもおかしくはない。

ところで、よき備品には三つの条件がある。光輝があって、手入れが行き届いて、用途に応じて活用されているのである。色合いがくすんできて、手入れ（整備・補修）はほとんどなされず、適切に使われなくなったら備品としてはおしまいである。

役所・役場で働いている職員のすべてが、「よき備品」としての条件をそなえ、生き生きと活躍するというようにはなかなかに期待できないかもしれない。しかし、同じ〝ジンザイ〟でも「人在」と「人罪」が多いというのでは情無い。

わが国の市町村は「明白に法令に違反しない限りなんでもできる」といってよい。もちろん財源は必要であるが、自治行政について市町村間に差があるのは、実は職員の「意欲と力量」に差があることが大きいのである。地域を見抜き、地域の課題を抽出し、その解決に向って、調査を行い、情報を集め、あらゆる知恵をしぼって実現にこぎつける、その意欲と力量の差である。「人在」と「人罪」をひとりでも減らし「人財」と「人材」をひとりでも増やす。それが人事政策の基本である。

町村週報第1988号　1992（平成4）年9月14日

❖調査企画は職員の手で

町村でも人材養成の重要性が強調され、いろいろな試みがなされている。従来、人材養成といえば、すぐに職員研修が引き合いに出されてきた。もちろん、研修がその有効な手段であることは間違いないが、職員がいわゆる職場外の集合型研修だけで育つわけはないのであって、職場で具体的な仕事を通じて鍛えられ、大きくなっていく。その場合の仕事の意味が大切である。

決められた内容の事柄を決められたやり方で処理するのも仕事であるが、人材養成という場合には、こうした仕事の処理能力を重視しているわけではないだろう。むしろ政策形成能力の開発を意図しているといってよい。それは、地域のニーズを調べ、取り組むべき課題を設定し、解決方策を企画立案する能力である。

この調査企画能力はどうして開発されるかといえば、実際にこうした性質の仕事を手がけること以外にない。もし人材として町村の職員を磨こうとするならば、調査企画の仕事をできるだけ多くさせることである。

ところが。残念なことに、多くの自治体で調査企画ものというと、すぐ民間のシンクタンクに委託しようという傾向がある。企画担当部門ならともかく調査企画といわれても、日常業務に追われていて、とてもそんな余力などないし、能力もないというのである。財政当局も、首長も、そのように考えることが少なくない。ということは、少々無理をしても職員に頑張らせて、調査と企画立案に当たらせることこそ、何にもまさる人材開発方法とは必ずしも認識していないか、あるいはそう考えていても、現実には無理だとあきらめているのではないかと思われる。

なんとかして、調査企画だけは、適宜、役場職員の総力をあげてやりぬく基本方針と体制を築けないであろうか。

町村週報第２０４１号　１９９３（平成５）年12月20日

❖40前後の自己鍛錬

平均寿命が伸びて、人生80年が当たり前になれば、人生の折り返し点は40前後となる。役所勤めの人も会社勤めの人も、この40前後に、改めて自己の充実化に向けて努力しようとする人（自覚派）とそうではない人（無自覚派）では、これ以降のあり方がかなり違ってくるように思える。とくに、管理職の地位に無自覚派が少なくないということになると、その影響は甚大である。民間企業なら確実に組織活力は衰退する。役所の場合はこれがあまり目立たない。

30を過ぎ40にさしかかる頃になると、仕事と職場にも慣れ、一通りのことはわかりこなせるようにもなるから、ある種の自信もついてくる。問題はこの慣れと自信に潜んでいる。仕事と職場における自己形成の努力が放棄されがちになるからである。一言でいえば、現在のように感じ考え行動している自分がはたして自治体職員としてふさわしい自分であるかどうかを意識しなくなるのである。その結果、自己表象能力の鈍磨が起こる。

さまざまな自治体の職員、なかでも管理職の人と接してみると、表情といい、物言いといい、言っていることの内容といい、しっかりした自己表象能力を備えている人と、そうではない人とに出会う。なかには、どうしてこのような自己表象能力の乏しい人が管理職についていられるのかと驚かされることがある。私の仮説は、これは、どうも40前後の自己鍛練の違いに主な原因があるというものである。

役所・役場でいえば、大まかにみて係長から課長補佐になろうとする頃の自覚と鍛え方が重要になるだろう。この頃は日常業務も忙しく、ついつい忙しさにかまけて自己充実化への努力を怠りがちになる。その結果、「人在」（ただ居るだけ）型の管理職が出てきて、職場と職員の活性化を阻害するという不幸な事態が生まれる。首長さんに対策をお願いしたい。

町村週報第２０６３号　１９９４（平成６）年６月20日

❖地方公務員法の改正と人事評価

国家公務員法の改正にあわせて地方公務員法（地公法）の改正案が国会に上程され、その内容が明らかになった。国では再就職あっせん規制と「官民人材交流センター」の設置が大きな話題になっているが、改正のねらいは人事管理制度全体の変革にあり、その人事管理の基礎となる人事評価制度を導入することである。町村も地公法改正への対応を迫られる。

現行と改正案を比較し直ぐ気づく重要な点は、職階制を廃止し、人事評価を入れたことである。戦後ＧＨＱから強要された職階制は既に立ち枯れているが正式に削除されることとなった。代わって人事評価が明記された。これは、「任用、給与、分限その他の人事管理の基礎とするために、職員がその職務を遂行するに当たり発揮した能力及び挙げた業績を把握した上で行われる勤務成績の評価」のことであり、任用の根本基準にすえられている。能力と実績に基づく人事管理を行うためには、首長や議長などの任命権者は、職制上の段階の標準的な職とその職の職務の遂行する上で発揮することが求められる能力として「標準職務遂行能力」を定めることになる。

例えば昇任は「職員の受験成績、人事評価その他の能力の実証に基づき、任命しようとする職の属する職制上の段階の標準的な職に係る標準職務遂行能力及び当該任命しようとする職についての適性を有すると認められる者の中から行う」ものとなる。また、職員の意に反して降任又は免職にする場合の、現行の「勤務実績がよくない場合」は「人事評価又は勤務の状況を示す事実に照らして、勤務実績がよくない場合」へと改められている。さらに、給与に関する条例には、職員の職務の複雑、困難及び責任の度合いに基づく等級別の基準職務表を設け、等級別に職名ごとの職員数を公表することになる。人事評価は「公正に」「定期的に」行われなければならないから、首長等はその人事評価の基準及び方法を定めなければならない。顔が見える職場だからといって、従来のような年功序列的な人事運用を続けることはできない。

町村週報第2606号　2007（平成19）年7月2日

4　地域・地域づくり論

❖親　水

この地球では水はよろず生命の誕生と維持にとってなくてはならないものである。災害時に何より大切なのは飲み水である。昔、貧しい農民を「水呑百姓」といったが、少なくとも呑む水はあったのである。水は、治水に利水に親水と、広く政治の中心課題ともなってきた。暴れ川を治めることは難事業である。今では「国営木曽三川公園」として整備されているが、木曽、長良、揖斐の三川が混流して起った洪水に立ち向った薩摩藩士の宝暦治水の様子は輪中・水屋とともに語り継がれている。それがまた鹿児島県と岐阜県との交流の礎ともなっている。利水はしばしば水争いとなって流血の地域史を織り成してきた。現行の河川法に基づく河川協議は水利使用をめぐる紛争の予防策ともなっている。そして今日強調されているテーマは親水である。

親水とは人びとが水辺に近づき水に触れることができることであるが、この水文化の再生は特に多くの都会人の渇望である。川でも湖でも海でも、そこにきれいな水があれば、われわれは触れたいと思う。この「触水」願望は何に由来するのであろうか。ひょっとして、胎内の羊水の中でまどろんでいたときの懐しさへの回帰願望かもしれない。

われわれは便利さとの引き換えに河水などを汚し、日常生活から遠ざけてきた。川がもはや住民の生活と無縁になり、郷里のシンボルたる存在ではなくなった結果、例えば相撲界で郷里の川を四股名にしている力士はたった一人になってしまった。河川の再生を願って、河川学者の宮村忠関東学院大学教授は「川の名の力士を応援する会」を結成したという。かつては湊川、清水川、綾瀬川の名力士がいた。神田川も目黒川もいた。近年、東京ではようやく墨田川がよみがえり始め、屋形船が完全に復興し、江戸友禅染めも再開されている。新内流しも復活のきざしである。都市の暮らしであればこそ人びとを水と切り離すことはできないのである。行政の大切な課題の一つがここにある。

町村週報第1818号　1988（昭和63）年10月31日

❖「コミュニティ」管見

コミュニティというのは分かったようで判りにくい言葉である。昭和46年に自治省が「コミュニティ対策要綱」を自治体に出したときには、そのコミュニティには「近隣社会」という訳語が付されていた。ある地に住所を定めて暮せば、その周辺になにほどかの社会的関係が生まれるだろう。しかしそれだけではコミュニティとはいいにくい。それが住縁を契機としていることは確かであるにしても、もう少し内容のある関係を意味しているはずである。

人とものと情報の自由な流出入が当然である今日の地域では「地縁」は成り立たない。地縁というのは、ある地で暮らすための生活上の便利と保障をひきかえに「掟」の遵守を強制できることである。

しかし、ある地で暮らしを営めば日常生活上の便宜のためにも近隣の人びとの関係が生まれる。そうした関係の中でコミュニティとは「他の人と共に生きる活動」と考えることができる。共に生きるとは、パサパサ、ギシギシした関係でも、さりとてベタベタ、ネチネチした関係でもなく、サラッとしていてホカホカな関係を結びうる活動のことである。

お互いに私生活を尊重しつつ、理解と互助と協力によって、共通の関心事や課題に取り組んでいくことである。コミュニティとは、あらかじめ定まっている地理的区域のことではなく、共に生きる活動が日常の暮しと結びついて無理なく展開されることである。

コミュニティは活動によっていかようにも拡大しうる。ＥＣとは「ヨーロピアン・コミュニティ」で主権国家を超える共通問題への取り組みであるし、最近の地球環境問題というときの地球は一つのコミュニティである。

私は住縁と結びつくコミュニティの中でこれからの地域にとってボランティア活動の大切さに注目したい。「喜びをもって共に重荷を担い合う」ボランティアの活動は、自発性・自前主義・無償を原則とする地域住民の元気の発露であるからである。

町村週報第１９２０号　１９９１（平成３）年３月11日

❖「ふるさと」と元気

大学での研究・教育のほかに自治体との付き合いが多く、いつも比較的忙しい毎日を送っている私でも、八月中葉のお盆の頃になると手帳に空白の日ができる。この頃はどこでも休むからである。昔でいえば藪入りで、異郷で働く人びとが生れ故郷に骨休みに帰った。帰ればお墓参りをする。

生前、民俗学者の宮本常一先生と「ふるさと」談議に及んだことがあった。「日本人にとって『ふるさと』とはどういうところでしょうか。」という私の問いに、先生は「それはキミ、お墓のあるところだよ。」と即座に答えられた。「どうしてでしょうか。」「墓には気の元が溢れているから。墓参りして、その気の元を一杯吸い込むと、元気が出てくるんだよ。」

宮本先生の説では、お墓には祖先の霊がまつられていて、その霊は生者を見守り、生者を励ます、つまり元気の源なのである。異郷で暮らしていると元気が失われる。だから定期的に気の元を仕入れに帰る、それが墓参りの民俗学的意味ということになろうか。

そういえば、超満員の列車をものともせず、何十キロもの車の渋滞をがまんして、多くの日本人が「ふるさと」との間を往き来することも理解できそうに思える。

しかし、もし「ふるさと」が気の元が溢れる「墓のあるところ」ということであれば、いつもお墓のあるところで暮している人びとは、いつも元気のはずである。元気でないのはお墓参りをしていないからであろうか。

墓参りには、単に儀礼的に掃除をして花を供え、手を合せるということだけではなく、そこには、あの世の人びと（歴史）と語らうことで、この世を生きる自分のあり方を省みて、よりよき自分への決意を新たにするという意味があるのではなかろうか。それは気力の更新である。先祖信仰は、この意味での元気注入と結びつくことで絶えることなく続いているといえそうである。

町村週報第1943号　1991（平成3）年9月9日

❖辛苦みつつ地域を興す

辛苦みは、古くは「たしなみ」と読む。現代国語辞典で「たしなみ」は「嗜み」で、好きで楽しむ芸事の心得のこと、あるいは人前で失敗しないように日ごろ言動に気を配ること、行動を慎しむことの意である。同じく「辛苦」は、艱難辛苦《かんなんしんく》というように、ある目的を達成するまでに経験する大変な苦労のことである。

この「辛苦み」を「たしなみ」と読むのはなかなかいい。苦しいこと、苦労の多いことを、むしろ好んで楽しんでいる風情が感じられて、どこか粋な響きがある。それでいて、どこか意地を通そうとする強い意志が作用しているようにも思える。そこで「辛苦みつつ地域を興す」と書いてみたいのである。

「たしなみつつ」というのは単に「苦労しながら」といった程度の意味ではない。他人と他所と比べてみると、多くの困難をかかえ、不利な条件や不運な逆境にありながら、そのことには一言半句の苦情や愚痴はこぼさず、これぞと思うことを、あっけらかんにやり遂げようとする姿のことである。

このような意味で「たしなむ」ことを知り実行できる人こそ真の地域人ではなかろうか。他をうらやまず他に依存（甘え）しようとしない自立のライフ・スタイルといってもよいだろう。首長はもとより、職員や住民の中に一人でも多くのこのような地域人がほしい。そういう人に魅せられて他所から人がやってくるからである。

人口減衰の町村における地域興しについて一人でも多くの外部の理解者・賛同者・協力者を増やし、人と物と情報の行き来を活発にさせることを「交流人口」施策とよぶことができる。夜間（住民）人口はなかなか増えない。まどろっこそうに見えようとも、むしろ「交流人口」を増やすことが地域活性化に結びつく。そのためには「辛苦みつつ」地域を興している魅力的な人がいなければならない。現に町村にはそういう人がいてがんばっている。

町村週報第1948号　1991（平成3）年10月21日

❖鶏の鳴き方と葬式と文化と

数年前、ネパールで開かれた自治行政に関する国際会議に出席した折、エベレスト山系の日の出を見にいったことがある。そこで鶏の鳴き声を聞いた。日本では鶏は「コケコッコー」と鳴くが、ネパールでは「ククリーカン」と鳴くのだそうである。英語では「コッカドウードゥルドゥー」である。

鶏の鳴き方が、国や地域によって違うのは、文化が異なるからである。「ククリーカン」と鳴くのはけしからんから、「コケコッコー」と鳴かせろ、というのは文化侵略的な発想である。文化は、自然と物と人とが識り成す生活様式であるから、その間に優劣はない。これが文化人類学という学問の成果である。

エベレストの向こうにチベットという地域がある。一頃まで、日本では「あそこは日本のチベットだ」というように一種のさげすみをもって言及していた。まったくの無知と非礼である。

チベットには「鳥葬」の習慣があるが、これが野蛮であるということはあり得ない。日本では今では火葬が普通であるが、世界には土葬も水葬も風葬もある。死者を葬る様式はさまざまであり、そこに人々の死生観が表れているのである。

今の町村の地域にも、個性的な文化がある。しかし、現在は、実におびただしい農・水・工の物産が全国に張りめぐらされた流通網にのせられて運ばれ、人々の生活を均質化する方向に作用している。物には名前と用途があるから、同一の物の普及は生活様式の画一化をもたらす。その勢いは、あたかも大型で強力なブルドーザーのようである。

こうした画一化傾向に抗して、しかも他とは違った暮らし方を維持していくにはよほどの自覚と努力が必要である。町村も地域としてはさまざまであるが、少なくとも、東京に代表されるような暮らし方とは一味も二味も違った個性を保持していなければ町村らしくはないと言えよう。

町村週報第1972号　1992（平成4）年5月18日

❖地域社会の健康度

最近、アメリカの「アスペン協会」が出している『農村地域力の測定』（第3版、1996年）という実践書に面白い箇所があるのに眼がとまった。それは、実際に地域で活動している人々の観察に基づいて、地域力（コミュニティー・キャパシティー）をとられる手法の一つに地域の「健康・不健康」という比較対照があるとして、27項目をあげている。参考のため、以下に紹介しよう。それぞれ前者が健康項目である。町村長さん、お暇な折、自己採点してみてください。

①楽観主義である・冷笑主義である、②まとめようと努力している・対立にばかり目を向けている、③ここで一緒にと考えている・俺の庭では困ると言い張っている、④問題を解決しようとしている・とこと

んまで争おうとしている、⑤妥協を図ろうとしている・自説に固執している、⑥合意を形成しようとする・敵味方に分かれようとする、⑦広い公共の利益を考えている・狭い利益を追求している、⑧お互いに足らざる点を補い合っている・他人のことは知らないと閉じこもっている、⑨協働しようとする・いがみ合い対立し合う、⑩みんなが何かを得るような解決にもっていく・勝者と敗者が分かれるような決着にする、⑪お互いに寛容と尊敬を持ち合っている・意地悪く蔑み合っている、⑫信用し合っている・疑心暗鬼になっている、⑬忍耐し合っている・いらいらし欲求不満になっている、⑭政治が政策の実質を求めている・政治が個人的なものに流れている、⑮住民が情報をもち参加している・住民が無関心である、⑯多様な意見を尊重している・異見を排除している、⑰人々が公徳心をもっている・人々が利己的な振る舞いをしている、⑱アイデアを歓迎し採り入れている・アイデアを出したのが誰かを問題にしている、⑲人々は課題を解決しようとしている・人々は邪魔し非難し合っている、⑳自己責任に徹している・御身大事で無責任である、㉑相手の言うことに傾聴している・相手に攻撃的である、㉒癒し指向である・分け前ばかり気にしている、㉓みんなで討論をしている・ブーブー冗談を言い合っている、㉔未来志向である・過去ばかり振り返っている、㉕権力を分かち合っている・権力を独り占めにしている、㉖物事を更新しようとしている・変えないように阻止している、㉗「やればできる」と考えている・「何もかもうまくいかない」と嘆いている。

町村週報第２２７８号　１９９９（平成11）年６月28日

❖スポーツと地域づくり

わが国のスポーツは、これまで学校と企業に閉じ込められてきたといっても過言ではない。企業はスポーツを広告塔として使い、学校は教育のためにスポーツを管理してきた。この考え方と政策に一大変化が起こり始めた。それは、スポーツを地域と住民に開放する流れである。ようやくスポーツ「後進」国にも新しい時代がやってくる。遅きに失した感があるが、文部省（当時）の保健体育審議会が打ち出した「スポーツ振興基本計画の在り方について」（平成12年8月）は、新たな政策展開を十分に予感させる内容である。町村長さんは是非一読してほしい。

この計画を実現していけば、身近な地域ごとに専門のインストラクター（これまでの体育指導委員だけでなく有給の有資格指導員）のいる「スポーツ・クラブ」を組織し、クラブ・ハウスを整備していくことになる。スポーツは、われわれ一人一人がよりよい人生を享受するための身体表現（文化）であり、その実践が基本的権利であることは国際的常識であるが、わが国ではあまりにもスポーツを手段化してきた。

私は、スポーツを地域自治の一環として位置づけるのを契機に、義務教育課程における体育科目や関連課外活動を徐々に廃止していき、地域に任せたらどうかと考える。これがスポーツを学校から解放する最も効果的な手法ではないか。学校でスポーツを義務として教えるという考え方を抜本的に見直したらどうか。その方向に向かって、まず、スポーツ施策の担当を教育委員会からできるだけ離し、総合的な地域づくりの視点から、直接、首長の下で施策を練り条件整備を図っていく道をさぐってほしい。この裾野広いスポーツ文化から世界に通用するアスリートを生み出していきたい。そのためには早急に飛騨御嶽高原のような高地にナショナル・トレーニング・センターを建設し[*]、先進7か国中、こうしたナショナル・センターをもたない唯一の国という「後進性」も克服していきたい。

町村週報第2332号　2000（平成12）年10月16日

＊廃校になった小学校の跡地を利用して、平成21年7月、高山市の施設として「飛騨高山御嶽トレーニングセンター」がオープンした。トレーニングセンターも含まれる御嶽高地エリアは、文部科学省からナショナル・トレーニング・センターの高地トレーニング強化拠点として指定を受けている。

❖「再訪の地」考

交流人口を重視した地域づくりの基本は、いうまでもなく、通俗的な意味での観光地ではなく、再訪の地（リゾート地、ホリデイの地）の形成である。いうところの観光地とは、人生で一度訪れたら、二度と行かなくてもよい土地のことである。文字通りの「いっとき豪華主義」の旅先である。だから、そこでの自然、建物、行事、人とは「行きずり」であって「出会い」にはならない。その土地の人々の喜怒哀楽には関心がない。旅の恥はかきすてになり、無責任に振る舞える。要するに、享楽と喧噪と無軌道が楽しいのである。

これに対して、同じ旅でも、その旅先で「出会い」があれば、その土地で暮らす人びとへの共感と交流が生まれる。一度訪れたら、もう一度、二度訪れたらもう一度と、幾たびもの再訪の地となる。おそらく、再訪の地は、英語の holiday を過ごす地となる。holi とは、whole 全体の意であり、休日とは、人間としての全体を取り戻す日ということになる。また、英語の resort とは、re 再び、sort 甦る、すなわち再生という意味である。疲労し消耗している肉体と精神に活力を取り戻し、新たに生きる力を獲得することである。

したがって、再訪の地は、癒し、安心、健康、愉しみのサービスに徹していなくてはならない。しかし、それは決して外部の人間に媚びることではないし、その土地の人びとに不快や犠牲を強いるものであってはならない。むしろ、そこで暮らし人々の生き方と生きがいに通じるものでなくてはならないだろう。

外部から人が来て、休暇を過ごし寝泊まりする以上、サービス業の苦労や困難は付き物である。接遇一つとってみても気苦労が多い。最初の印象が脳裏に焼きつく。悪印象を植え付けてしまえば、それは先入観としてその土地への固定イメージとなってしまう。出会い頭が勝負ということになるから、ゆめゆめ、慢心してはならないであろう。一つでも多くに再訪の地を持ちうること、これが、これからの人生の豊かさではないかと思う。

町村週報第２３６４号　２００１（平成13）年７月23日

5　人づくり・教育論

❖14歳の魔性

東京目黒区の中学2年、14歳の男の子が母と父と祖母を惨殺したニュース*は各方面に衝撃を与えた。ある母親は同じ歳頃の息子に「お前はお母さんを殺さないよね」と念を押したと報じられた。我が子を疑心暗鬼の眼でみている母親の不安げな表情が思い浮ぶ。殺人にまで至った少年の心の軌跡はわからないが、「魔性」が現われ出たことは確かである。

日本人が、人間性ゆたか、人間味あふれる、人間的な、というとき、この「人間」は性善であると考えているといってよい。しかし、例えば「人間性」とは、英語でヒューマンネイチャー human nature というように「人間的自然」のことである。人間の内に潜む「自然」である。「自然」とは野蛮、激情、カオス（混沌）である。われわれは、この内なる「自然」を取り除くことはできない。できることは、この「自然」を制御し昇華させ文明的になろうとすることである。「文明」とは端的に他人との共存能力であるということができる。

人間の内なる「自然」を抑え文明的に行動できる最小限の条件を備えさせることこそ、育児の基本である。子供は「文明的人間になる可能性のある動物」にすぎない。両親と社会は、この動物を他人と折り合って生きていくことのできる人間に育てるのである。内なる「自然」を自分で規律できる力（自制と節度）を身につけられるよう、必要があれば体罰などを使っても教え込む。身勝手な欲望は即座には実現できないことを身にしみるようにわからせるのである。これが幼少年期までの育児のかなめである。しかし、それ以降は体罰などの「暴力」は反発と怨みを招くだけでほとんど有効でない。

14歳の少年の「魔性」は育児の失敗をせせら笑うようにおどり出た。一方では依存し（甘え）つつ、他方では干渉を嫌った。干渉は自由の敵なのである。干渉を抹殺すれば自由になれる。だが、その自由は殺人者という汚名とこれからの生への限りない厳しさとを少年にもたらした。

町村週報第1809号　1987（昭和63）年8月15日

＊　1988（昭和63）年7月8日、中学2年生（14）が、東京都目黒区の自宅で、父親の会社役員（44）、母親（40）、祖母（70）を殺害した。

❖学校の喪失

このところ、学校で教師が生徒にふるう暴力（体罰）が大きく報道されている。東京のある中学校では学級時間に小説を読んでいた生徒に「このやろう」と殴りかかった教師に対して、その生徒は「学校教育法第11条を言え」と叫んだという。学生生徒等への懲戒について定めたこの第11条には「ただし、体罰を加えることはできない」とある。暴力をふるう教師に対して生徒が法律を守れと叫ぶこの光景は寒々しい。

一般に、暴力（物理的強制力）の行使がかろうじて意味をもつのは「節度」を身体で覚えさせなければならない幼年期であって、その後の暴力の行使は、そこでの人間関係をより暴力的にし、人間形成の上では有効でない。暴力衝動という文明以前の自然の力をいかに生徒たちが自制できるようになるかという大切な小中学校の時期に教師自らが暴力をふるってどうなるのか。教師も父母も体罰を「愛のムチ」と称して容認してはならないのである。

いまだ人生展望がはっきりしない生徒たちにとってはなぜ学校に行って授業を受けなければならないかの理由は明確でない。父母は子供を学校へおいやるが、それだけではだめで、人間として魅力的で知的にもすぐれている教師がいて学校にひきつけなければならない。本当の教師の授業は、時間の3分の1程度はワーワー、ゲラゲラ、ガヤガヤうるさいのである。人の話しを10分も聞けば緊張の続かない子供たちをユーモアでリラックスさせる術を知っているからである。生徒たちがお通夜のように行儀よく静かにしているクラスでは管理は行われていても教育は行われてはいない。

学校とは施設のことではもちろんなく、生徒と教師の関係のこと、教師に対して信頼と愛着心を寄せる生徒たちが知らず識らずのうちに人間としての自己形成をとげ、知力を育てることをいう。ののしりあい憎み合う教師と生徒の間には学校は失われているのである。教師・校長・教育委員会は真剣に学校を再生させるべきである。

町村週報第1896号　1990（平成2）年8月13日

❖若者の生きがい

少なからぬ町村が、出生率が死亡率を下回るいわゆる人口自然減社会となっており、子供そして若者がますます貴重になっている。希少性の増大が価値を高めるという現象は物世界に限られない。

若者が貴重になると、どうしても周囲は甘やかしがちになる。金品を与えご機嫌をとり、なんとかして地域にとどまってもらう手立てを考えることになりやすい。若者のほうも周囲からちやほやされると、ついつい、いい気になり、気に入らないことがあるとプイと地域から出ていってしまう。

ただでさえ若者の多くは生れ育った狭い地域から外へ出てみたいと思っている。地域を去り地域を捨てる心の準備はできていると考えたほうがよいだろう。そうした若者をどのようにして地域にとどめさせ、地域の将来を担う人材として鍛えあげるかは、町村の最重要の基本課題であるといえよう。

その一つの有効な方法は、広く地域づくりや町村行政にかかわる事業や活動の企画立案作業に若者を組み込むことである。役場にも地城にも目ぼしい人、がんばりそうな人はいる。そういう若者をつかまえて企画立案作業のコアメンバーになるよう口説くのである。口説くのは町村長でなければならない。町村長の人事権行使は、通常の役場職員の人事異動をこえて、地域全体を視野に入れた人材配置構想に及んでいる必要がある。

目ぼしい人をつかまえたら、その彼ないし彼女に、作業を一緒にしてくれる数人の候補者を選ばせるのである。選んでくる人が役場の職員でも地域の住民でも、できればその混成が望ましいが、その人選を認め、作業を任せる。そうすると、地域の明日にかかわる事業や活動という事の重大さと企画立案の楽しさを実感し、地域を去りがたくなり、さらに去ってはならないという責任感が育まれるのである。高齢者の生きがいも大切だが、いま町村の行く末にとっては若者の生きがいこそが決め手である。

町村週報第1993号　1992（平成4）年10月26日

❖少子化への対策はあるか

わが国の2002年の合計特殊出生率は1・23人である。合計特殊出生率とは一人の女性が一生涯に平均何人の子供を産むかの数値で、次世代につながる人口再生産の程度を示すものである。この数値が2・1を下回り、1・8を切ってしまっているのは先進国に特徴的な現象である。しかし、わが国はやや落ちすぎなのではないか。

この急激な少子化の理由がよく分かっていない。「貧乏の子沢山」といわれたように、経済的に貧しく、生活環境が悪かった時代のほうが生まれてくる子供の数は多かった。妊娠・出産・育児をめぐる環境条件が改善され、耐久消費財の普及で家事労働が軽減され、高等教育が普及するとともに少子化が事実として進行してきた。分かっているのは、どうやら、なかなか結婚しない男女が増え（非婚）、25歳前に結婚し出産しない女性が増え、結婚年齢が高くなって子供を作っても一人（晩婚・晩産）という若い世代が増えたことである。あるいは時間と経費の点で出産・育児をそれ以外の活動と比較し、後者を選ぶ人が増えたからかもしれない。

次の国勢調査によって確実に人口減となる市町村は、交付税が人口をベースに配分されるだけに、それだけで交付税額が減少する。それは明らかにこれまでの少子化対策のあり方を問う側面を持っている。地域をどのように経営して、地域の活性化を図っていけば若者は地域にとどまり、結婚し子供を生むだろうか。何が最も有効な手立てであろうか。それが見つからなければ、社会の営みを維持するため人口減をカバーする方策を考えなければならなくなる。

人手不足を技術で補うのには限界がある。おそらく不足する人的サービス分野への外国人の採用が避けられないかもしれない。しかし、これは「新たな開国」であり、外国人との日常的な共存・協調を覚悟し、そのための特段の工夫を必要とするだろう。すでに、少子化の進行はそうした局面を迎えているのではないか。

町村週報第２４７３号　２００４（平成16）年3月15日

❖子育ては「早寝、早起き、朝ご飯」

子育てに関係した事件が毎日のように報道されている。親が育児を放棄したり、子どもをいじめ殺したりする一方で、閉じこもりの子、家出状態の子、非行に走る子、人を平気で傷つけ殺す子など、どうやら子育ての機能不全が起こっているとしか思えない状況が生じている。子どもの言動が理解できない、どう対処してよいか判らない、と育児相談に訪れる親、子育てに自信を失いかけている親も後を絶たないという。

父親は言うに及ばず、母親も自分で産んだ子どもを本能として育てるとはいえない。自分たちで作った子どもは自分たちで育てるのが当然であるというのは、人間の本能に根ざしているのではなく、文化（常識・観念）の作用である。本能があるなら自分で産んだ子どもを遺棄する母親などいるはずがない。自分の子どもは自分で育てるのが自然だし当然だという文化の力が弱まれば、悲劇は、まず産まれてきた無力な子どもの側に起こる。

子育てを研究している小児科医などによれば、まったく無力な子どもにとって最も大事なのは、物心がつく前に特に母親の愛情に包まれて介護されることである。これにより「基本的信頼」が感得されるからだという。そして、徐々に、自分とは異なった人がいて、物事は自分の思うようにはならないことを体験していくことになる。自立へ向かい、社会の中で生きていく知恵と技を身に付けていくのである。

人間の身体は自然である。しかし、人間の脳は、自分もその自然の一部であることを忘れやすい。早寝すれば早起きになるのは身体の作用である。夜更かしして午前中寝ていれば、身体も脳も目覚めは遅くなる。早起きして光を浴びれば脳も目覚める。早起きすれば、朝食がとれる。朝食をしっかりとれば身体と脳に活力が生まれる。早寝、早起き、朝ご飯になれば、個食・孤食はなくなる。一家団欒とまではいかなくとも、家族と語らいながらの食事も増える。子育ては「早寝、早起き、朝ご飯」が基本である。そして、朝食は米飯としたい。

町村週報第２５２９号　２００５（平成17）年８月１日

❖「キョウイク」と「キョウヨウ」

65歳以上の人を高齢者と呼んでいるが、高齢者には個人差があり一律にとらえることはできない。しかし、その数と割合が増えれば、死生観を含め高齢者の生き方が問題になるのは当然である。

書店をのぞくと高齢者の生き方に関するハウツー本が溢れている。ハウツー本が実際に役立つことはあまりないが、それでも、そうした本が売れるのは高齢者が不安をもっているからである。老後の不安は「健康、金、孤独」といわれるが、一番難しいのは「ひとり」を生き抜くことである。「ひとり」という自由な生き方を選ぶ人は、最後は誰かの世話になってと考えるのはおこがましいはずであるから、野垂れ死にする覚悟が必要である。しかし、現実にはそんなに強い自立した高齢者が多いわけではない。

切ないのは、本人が他の人とのお付き合いを煩わしいとか面倒だとかと考えて閉じこもり、地域社会から身を引き、だれからも声もかけられず、人知れず死んでしまう場合である。この孤立死を自業自得だと放置するわけにはいかない。地域で暮らす高齢者には、無用な人、無能な人は一人もいない。だれもが、それぞれにかけがえのない存在として、地域の中で役割を担い、活動の場があってこそ、安らぎと充実感をもって日々を送れるというものである。

高齢者が元気に毎日を送るための秘訣は「キョウイク（教育?）」と「キョウヨウ（教養?）」であるという。「キョウイク」とは「今日も行くところがある」こと、「キョウヨウ」とは「今日も用事がある」ことだそうである。「今日も行くところがある」というのは「居場所がある」ことで、「今日も用事がある」とは「出番がある」ことだと言い換えることができる。今日も予定があり身支度を整えて出かけていく。

出かけて行った先には気心の知れた人びとがいて、そうした人びとと協力して誰かのために役立つ活動をする。「キョウイク」と「キョウヨウ」は高齢者も主役となって地域を担うときの合言葉であるといえよう。

町村週報第２８６８号　２０１４（平成26）年2月3日

6　生活・人生論

❖「婦人」から「女性」へ

ここ数年来、ときおり女性たちの集りに呼ばれて話しにいくことがある。そうした折に気づくことの一つは従来の「婦人」といった言い方が魅力を失い、「女性」といった言い方がうけていることである。この「婦人」から「女性」への言葉の入れ替えが何を意味しているかは必ずしも定かでないが、どうやら「婦人」という言い方はどこか野暮ったく、くたびれている感じを与えるらしい。

「女性」のほうが垢抜けしていて、はつらつとしているとは直ちにはいえないかもしれないが、どうも「女性」という言い方のほうが当の女性たちを引きつける力をもっていることは確かのようである。実際、女性たちは、今日、元気なのである。

例えば、選挙の投票率は大体どこでも女性が男性を上回っており、女性票を上手に組織化できない候補者は苦戦したり苦敗している。私の住んでいる埼玉県所沢市では全国初の女性助役*が誕生した。どこかで女性の市長が生まれるのもそう遠くはなさそうである。

男女同権が法的原則になった後も、「主人」と「奥様」（「旦那」と「内儀」）という武家社会以来の呼称を用いているが、いまや主婦は「奥様」でなく「表様」であり、家外（外様）活動に忙しい。その主婦を辞書で引くと「家族が気持よく元気に仕事（勉強）が出来るように生活環境を整え、食事などの世話を中心になってする婦人。主として妻にこの役が求められる」とあるが、DINKS（ディンクス、子供のいない共稼ぎ夫婦）には、この「主婦」観はあてはまらない。若い世代の間では「女の天職は家庭にあり」という男女役割分担論（夫は外で働き、妻は家事、育児に専念する）は通用力を失いはじめている。

女は男よりすべての面で劣っているというあらぬ幻想をもっている亭主は老後になって、それまでじっと耐えてきた女房から手痛いしっぺ返しを受ける可能性も出てきた。女性がヒタヒタと世の中を変えはじめている。男にとって覚悟のときである。

町村週報第1833号　1989（平成元）年3月20日

＊　1989（平成元）年1月31日、旧労働省出身の川橋幸子氏が全国の市で初の女性助役に就任。助役制は2007（平成19）年4月1日改正地方自治法の施行によって廃止され、副市町村長制に移行した。なお、最初の女性市長は、1991（平成7）年4月21日に芦屋市長に当選した弁護士の北村春江さんであった。

❖ポックリと天国を往生

大都市でも街のなかに年寄りの姿が目立つようになった。東京巣鴨に刺抜き地蔵の通りがあって、その通りかいわいは「お年寄りの原宿」とよばれている。縁日の四の日ごと、この通りは多くの老人たちで賑い、独特の光景を形成している。御参りの目的は厄払い、なによりも苦痛払いであるという。

小林一茶の辞世句に「ポックリと往くが上手の仏かな」というのがあるが、ポックリ往生への願いは二重である。

一つにはポックリ往けば病床に長く臥せることで身内や他人に迷惑をかけることもない。もう一つには、ポックリ往けば自分でも苦しまないですむ。ポックリ寺が評判になる理由である。

生が長くなれば、人は老いの生きかた、そして死にかたを考えざるをえなくなる。眠りと死は、どちらもその瞬間を意識できない点で同じであるが、普通、眠りは怖くないが、死は恐怖であり、イメージに決定的な違いがある。

眠るような死が理想であるといわれる。眠りが怖くないのは覚めがあるからである。死が怖いのは「この世」から「あの世」へのけっして覚めることのない旅立ちであると考えられているからである。そして、その「あの世」が言い知れぬ恐怖である。

「あの世」に往って、また「この世」に戻ってきた者は誰一人いないし、「あの世」と「この世」の通信に成功した者もいないのに、「あの世」があると信じられている。「この世」の生に限りがあり、その生の終わりが怖ければ、せめて「あの世」があると信じたくなる。

しかし、「あの世」は未知だから想像は拡散し、天国もあれば地獄もある。「天国よいとこ一度はおいで。酒はうまいし、ねーちゃんはきれいだ」とは「帰ってきたヨッパライ」の話しであり、「地獄にだって法はある」（ゲーテ）し「地獄の沙汰も金次第」ともいう。

どちらも「この世」の投影で、どうも確信がもちにくい。こんな風に言えば、縁無き衆生、俗人のおごりと叱かられようが、どうせ往くなら「天国」がいい。

町村週報第１８４４号　１９８９（平成元）年６月19日

❖河　童

河童は、いうまでもなく、想像上の動物である。河童の川流れといえば、どんな名人でも時には失敗することがあるたとえである。

河童で忘れられないのは芥川龍之介の「河童」である。この小説は題名の通り河竜の世界のことを描いてはいるが、それは人間の世界と同じ情景である。しかし、この小説では一箇所、河童の世界が人間の世界と異なる描写が出てくる。それは河童のお産の時である。

小説の中では、お産が近づくと、父親がお腹の内の子供にこう問いかけるのである。「お前はこの世に出てくるかどうかよく考えた上で返事をしなさい」と。ずい分と無責任な父親もいたもので、自分（たち）で勝手につくっておいて、この世に生まれてきそうになると、出てくるかどうか子供に選択させるのである。親としての責任放棄である。とまあ、こう考えるのは人間の世界に住む者の浅知恵なのである。

芥川は河童のお産の様子を借りて本当は人間の誕生の真実を描いたのであろう。河童の場合と異なって人間の場合は両親を、したがって時代と社会を選べない。生存の事実を開始する以前に生存の目的をもちえない。人は、自分で選択しえなかったことに責任はとれないから、生まれてきたことに責任はない。中学校で学ぶ英語の文法に受身形というのがあるが、その典型例に be born がある。例えば「私は１９４０年生まれです」は I was born in 1940 である。しかし、これは、正確には「１９４０年に私の母親によって生まされた」となる。

両親を選択することができずにこの世に出てきた人間は、やがてもの心つくようになると、自分が生まれて今日あることを丸ごと追認し、これからも生きていこうと決心しなければならない。「生まれてこなければよかった」と悩む青少年の存在は、人間誕生の不条理を表わしている。生まれてきてよかったと思えるには両親を含め先行する世代の生き生きとした生の営みがほしいのである。

町村週報第1869号　1990（平成2）年1月22日

❖御　飯

手元の辞書で「米」を引いてみると「イネの実のもみを取り去ったもので、日本人の主食とする重要な穀物」とある。「主食」を引くと「食事のうちで、主としてカロリーのもとになる食べ物。米・麦などの穀物とか食パンなどを指す」とある。ここでの定義では、主食としての米とは「御飯」のことである。

御飯が「日本人の主食とする重要な穀物」といえるためには御飯を一日三食のうち何食たべればよいのか。朝はパンで、昼はそばかうどんで、夜のみ御飯の人が米を主食としているといえるであろうか。米どころの農村地域にある小学校の給食で御飯を出すのが一週当たり二・五日であっても、その給食での主食は米といえるであろうか。現在の日本人の食生活で米ははたして主食といえるであろうか。

戦後の日本人は、貧しさについては、まず「衣」から、そして「食」から開放された。大都市ではなかなか「住」の貧しさから解放されないが、持家比率ではおおむね全国的にはまあまあとなっている。いずれも、量的な充足から質的な多様化や個性化へと展開してきた。

「食」生活では、周知のように、御飯を食べる回数と量が減り、米の生産過剰が起き、減反政策がとられるようになった。食べ物があることが当たり前になると、食事作法から「いただきます」「いただきました」の挨拶が失われるようにもなった。御飯を食べなくなれば、気象に左右されつつも大地の恵みを耕す「お百姓さん」への感謝の気持ちも湧いてこない。

私のように、御飯が好きで、炊きたてのふっくらした御飯と香りたつ味噌汁と薄塩の白菜漬（できれば薄氷が張っているもの）が「究極のメニュー」であると思っている者としては、米の消費量の減退は日本人のアイデンティティ問題であるようにさえ思える。いかに雑食の日本人でも、御飯だけは食べ続けたい。

町村週報第2001号　1993（平成5）年1月11日

❖俗人の人生観

キリスト教の神髄は「初めに言葉ありき。言葉は神とともにありき。言葉は神なり」に集約されていると言われるが、あの世という言葉があるのだから、あの世はあるともいえる。しかし、ちょうど眠ったということが分からないように、死んだということ自体は意識できないはずである。この世の次にあの世が続いているという保証はない。

あの世があるという意識は人の脳の働きである。生物（構造）としての脳が死ねば、意識（機能）としての脳もおしまいである。これは身も蓋もない話であるが、生物としての人間の必然である。ひと（脳）は、物としての自分は死んでも意識（霊魂）は死なないと思い込むことで、自分が必ず死すべきものということをごまかすことを覚えたのではないか。そのもっともらしい教義を宗教と呼んでいる。つまり、この世の次にあの世があり、この世の生き方次第であの世の幸不幸（天国と地獄）が決まると説くことで人々の不安をかき立てたり緩和しているのである。こう考えるのも脳の働きであるといえる。

俗人の考え方では、死ねば一巻の終わりで、物としての脳は自然に帰る。霊魂など残るはずがない。この身も蓋もない話を素直に認める以外にない。しかし、このような意味で俗人でありながら、この世で、自暴自棄にならず、絶望もせず、どうしてまっとうに生きられるのか、ということが疑問になる。

「死んで花実が咲くものか」と考えながら、さりとて、「この世はすべて色と欲」とばかり、えげつなく利己的にのみ生きるわけでもない、そういう人生観はどのようなものであろうか。最終的には無常であるがゆえに今日を真剣に生きるという、人生観になろうか。そして、個体としての自分が死んでも、自分の遺伝子を引き継ぐ別の個体が生きて、人間社会は持続していくと信じているのかもしれない。死ぬのは男ないし女としての個体なのである。

町村週報第２１７３号　１９９７（平成９）年１月20日

❖崩れた二つの神話とこれから

日本にはタダで美味しい水があり、日本の地域は夜、女性や子どもでも1人で歩けるほど安全であるといわれた。この水と安全への信頼は、もはやだれも信じない神話となったといえるかもしれない。

もちろん、上水道の普及が進み、蛇口をひねれば飲める水が出てくる。水道料金を払っているから、水はタダではない。しかし、食事処で「おひや」は今でもタダなのである。

その「おひや」に替わってボトルウォーターを注文する客が出てきた。都市部は言うに及ばず、農山村でも、清涼飲料水とともにボトルウォータが横行している。硬水のヨーロッパ諸国ではビン詰めの水は珍しくはないし、公衆衛生が十分でない途上国での旅行では必ずボトルウォータを勧められる。しかし、豊かな軟水があり公衆衛生が整備されている日本で、なぜ、これほどボトルウォータが氾濫しているのであろうか。

手軽で便利が、その理由であろうが、水道水が美味しくなくなったからでもある。取水源である河川等が汚れて、飲み水にするには強い塩素消毒が必要になった。カルキ臭の水が水道水となった。美味しいかどうかはともかく、多くの日本人が愚かしくも水道水に替わりボトルウォータを消費している。「おひや」で十分だというように、河川等がよみがえることはないのであろうか。

人びとの日常の暮らしでは安心・安全が基礎条件である。それが脅かされ、危なくて子どもを外で遊ばせられないなどということは、本当に由々しき事態である。このところ、万引きやピッキング、痴漢やストーカー、家庭内暴力や児童虐待や校内暴力、違法駐車・駐輪など、身近な犯罪が激増し、社会生活上の不安が高まっている。一般に子育てを通じて備えるべき自己規律の力が弱まってきたのかもしれない。しかも警察官のいない交番も目につくようになった。地域によっては住民が防犯のパトロールを始めている。

日本社会が安心・安全ではなくなった背景には、現在の警察制度が機能不全の状態に陥っていることがあるかもしれない。都道府県警察といっても、実際には国家公務員である少数の地方警務官が警視正以上のポストを占め、集権的な組織・人事の仕組みとなっている。警察官の数は増えているが、身近な犯罪対応はあまり改善されてはいない。どうやら、基礎的自治体が地域社会における秩序維持の権限（警察権の一部）をもち、その責任ある行使主体になる必要性が出てきたのではないだろうか。

町村週報第2553号　2006（平成18）年3月13日

❖絶対悪

広島へ原爆投下から68年を迎えた2013年8月6日、広島の平和記念公園で平和記念式典が行われた。この一年原爆症で死亡した5859人の名簿が原爆死没者慰霊碑に納められた。一発の原爆はおびただしい死をもたらし続けている。

被爆二世の松井一實・広島市長は、6日の平和宣言の中で「無差別に罪もない多くの市民の命を奪い、人々の人生をも一変させ、また、終生にわたり心身を苛み続ける原爆は、非人道兵器の極みであり、『絶対悪』です。原爆の地獄を知る被爆者は、その『絶対悪』に挑んできています」と言い切り、「世界の為政者の皆さん、いつまで、疑心暗鬼に陥っているのですか。威嚇によって国の安全を守り続けることができると思っているのですか」と訴えた。この2013年の平和宣言は被爆体験とともに語り継がれよう。一自治体に過ぎない広島市の市長が、世界に向かって核兵器廃絶を説く外交の機能を見事に果たしている。

平和式典には福島県浪江町の馬場有町長が昨年に続いて出席していた。町長は、2013年3月の「福島県浪江町のストリートビューの公開によせて」の中で、「浪江町は震災から時が止まったまま、原子力災害のため2年が経過しても応急的な処置しかできません」としつつ、「福島の原発事故を知らない世代へも、その姿と、営々と築き上げてきた歴史と文化を伝えていくことが、我々の世代に課せられた責任だと思います」と述べている。町長は、2011年9月、東北電力が建設を計画している「浪江・小高原子力発電所」について、「福島第一原発事故で安全神話が崩れた。原発の新設については世論上、難しい」と反対の意向を表明した。浪江町は、原発事故前まで計画推進の立場をとっていた。同じ「核」でも、核兵器は「絶対悪」であるが、原発は「核の平和利用」として許容し続けるのか。福島原発事故の被災者にとっては、その是非こそが真の争点ではないか。

町村週報第2852号　2013（平成25）年9月2日

おわりに

全国町村会が設置した最初の研究会で、私は、地理学者で東京大学教養学部教授の西川治さんと共同代表を務めました。その西川さんが、『町村週報』(第2308号・平成12年3月27日)に「離都向村への支援を」と題する一文を寄せ、そこで「リストラの嵐おさまらず、春なお寒き世紀末。『帰りなんいざ、田園まさに蕪《あ》れなんとす。なんぞ帰らざる』。陶淵明の有名な詩句は、はるかな時空間をこえて今なおわれわれの共感を誘う。」と述べていました。この詩句は「既に自ら心を以《もっ》て形《からだ》の役《しもべ》となす。奚《なん》ぞ惆悵《ゆうちょう》として独《ひと》り悲しむや」と続いています。そこには「向都離村」のあげく不遇な官途に見切りをつけて「離都向村」に至った陶淵明の心情がにじみ出ていました。

「離都向村」は、「向都離村」(都へ向かって村を離れる)とは逆の人の流れです。問題は、それが失意のあげくの帰郷であるかどうかです。現在の日本では、依然として大都市の吸引力は強いのですが、少なからざる人びとが積極的に「村」へ向い始めています。人口減少社会の到来が強調される中で、ともすれば衰亡のイメージの強かった農山漁村へ移り住もうとする動きが出てきたのです。「村」は、「志を果たしていつの日にか帰らん」とする望郷の地ではなく、自分のやりたいことに挑戦できる希望の地として価値づけられ始めたといえます。森里海の水の循環系を基本とする生き方が魅力的であるからだと思います。

2014(平成26)年9月、全国町村会は、小田切徳美・明治大学教授を座長とする「今後の農林漁業・農山漁村のあり方に関する研究会」の検討をもとに、農業・農村政策のあり方についての提言「都市・農村共生社会の創造～田園回帰の時代を迎えて～」を打ち出しました。農村地域では、過疎高齢化の進展、就業人口や農業所得の減少等により混迷が続いていますが、近年、農村の潜在的な価値を再評価し、活用しようとする動きが高まっているとし、こうした農村志向の動きを「田園回帰」と捉えました。農村の新たな価値を、少子化に抗する砦、再生可能エネルギーの蓄積、災害時のバックアップ、新たなライフスタイル、ビジネスモデルの提案の場に求め、農村のあるべき姿を、地域資源を有効活用した農業が持続的に行われていること、循環型社会であること、集落の機能が維持され開かれていること、若者や女性が活躍できる場であること、都市との交流が継続していることとしています。その上で、これらを実現するための農業・農村政策を提案し、「農村価値の創生」は誰よりも農村サイドに求められる責務であることを明言しました。

２０１５（平成27）年５月26日、政府は、２０１４年度の「食料・農業・農村の動向（農業白書）」を閣議決定しましたが、農村への関心の高い若者を中心に、都市と農村を行き来する「田園回帰の動き」が出始めていると指摘しています。

内閣府の「東京在住者の今後の移住に関する意向調査」（調査手法：インターネット調査、調査対象：東京都在住18～69歳男女１２００人、調査時期：平成26（２０１４）年８月21日～８月23日）の結果によれば次の点が判明しています。東京在住者の４割（うち関東圏以外出身者は５割）が地方への移住を「検討している」または「今後検討したい」と考えています。特に30代以下の若年層及び50代男性の移住に対する意識が高い。これは、若者や中高年層が希望する生き方を実現することにより、東京への一方的な人口流入の流れを変えることができる可能性を表しています。

内閣府の「農山漁村に関する世論調査」によっても、都市地域住民の農山漁村地域への定住願望は、2005（平成17）年の20・6％から2014（平成26）年の31・6％へと増加しています。

こうした積極的な「離都向村」の動きは、農山漁村地域の価値とそこに成り立つ町村という基礎的自治体の存在理由とを新たに浮かび上がらせるものと言えます。全国の町村は、農山漁村を守ることが日本を守ることであることに揺るぎない信念のもとに、自立自助の気構えを堅持し、人口減少に立ち向かっていく必要があると思います。

私は、全国町村会に設置されている「道州制と町村に関する研究会」や「人口減少対策に関する有識者懇談会」などに参加してきましたが、これからも町村は存続をおびやかされる危機に直面するかもしれません。できるだけ各地の町村の現場を訪れ、そこでの自治の営みから学び、町村とその自治のサポーターであり続けたいと思っています。

【著者略歴】

大森　彌（おおもり・わたる）　1940年東京都生まれ。東京大学名誉教授、東大大学院博士課程修了。東大教養学部教授、学部長を経て、2000年東大停年後、千葉大学法経学部教授。05年定年退職。行政学・地方自治論を専攻。現在、地域活性化センター「全国地域リーダー養成塾」塾長、全国町村会「道州制と町村に関する研究会」座長、NPO地域ケア政策ネットワーク代表理事。近著に『自治体職員再論～人口減少時代を生き抜く～』『変化に挑戦する自治体』『政権交代と自治の潮流』『官のシステム』など。

町村自治を護って
～存立の危機に立ち向かう

平成28年1月10日　第1刷発行
平成29年1月18日　第3刷発行

著　者　大森　彌

発　行　株式会社ぎょうせい

〒136-8575　東京都江東区新木場1－18－11
電　話　編集　03-6892-6508
営業　03-6892-6666
フリーコール　0120-953-431
URL:http://gyosei.jp

〈検印省略〉

印刷　ぎょうせいデジタル㈱

ISBN978-4-324-10093-6
(5108216-00-000)
〔略号：町村自治〕

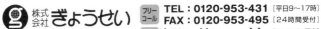